Luxo e Design

Coleção Estudos
Dirigida por J. Guinsburg

Equipe de realização – Tradução: Newton Cunha; Edição de Texto: Luciana de Almeida Tavares; Revisão: Iracema A. de Oliveira; Sobrecapa: Sergio Kon; Produção: Ricardo W. Neves, Sergio Kon e Luiz Henrique Soares.

Giovanni Cutolo

LUXO E DESIGN
ÉTICA, ESTÉTICA E MERCADO DO GOSTO

 PERSPECTIVA

© Giovanni Cutolo, 2010

                 CIP-Brasil. Catalogação na Publicação
             Sindicato Nacional dos Editores de Livros, RJ

C993L
    Cutolo, Giovanni, 1939-
    Luxo e design : ética, estética e mercado do gosto / Giovanni Cutolo ; tradução Newton Cunha. – 1. ed. – São Paulo : Perspectiva, 2014.
    200 p. ; 23 cm. (Estudos ; 330)

    Tradução de: Lusso e Design: Etica, Estetica e Mercato del Gusto
    Apêndice
    Inclui bibliografia e índice
    Posfácio
    ISBN 978-85-273-1012-3

    1. Estética – Mercado. 2. Decoração e ornamento.
I. Título. II. Série.

14-14186   CDD: 745.0981
                                           CDU: 745(81)

03/07/2014   10/07/2014

Direitos reservados em língua portuguesa à
EDITORA PERSPECTIVA S.A.

Av. Brigadeiro Luís Antônio, 3025
01401-000 São Paulo SP Brasil
Telefax: (011) 3885-8388
www.editoraperspectiva.com.br

2014

Sumário

Nota à Edição Brasileira XI

Introdução XIII

1. Grande Geografia, Pequena História. 1
2. Méritos e Limites do Luxo 13
3. As Metamorfoses do Luxo 29
4. As Atribulações do Belo 45
5. Design, Estilo e Estilo Design 59
6. Distribuir o Design 71
7. *Furniture Design* e *Fashion Design* 81
8. O Gosto e a Suposta Inovação 97
9. Narciso, Édipo e o Hedonista 111
10. O Design do Luxo 125

Apêndice..141
Quadro Histórico 148
Para um Design Antropófago 151

Posfácio – *Enrico Morteo* 159
Bibliografia....................................... 165
Índice Onomástico 167

*Dos livros que escrevo,
acabo sempre por aprender alguma coisa.*

DOMENICO DE MASI

Nota à Edição Brasileira

Aquilo que nós chamamos o criado, não apenas se substitui ao nada, mas é sua imitação. É este o potentíssimo germe que, nascido do pensamento oriental, mina internamente a criação *ex nihilo* própria do criacionismo ocidental. Como se pode deduzir dos textos de Lacan, que aqui evocamos com o intuito de esclarecer, mediante o confronto, o alcance de uma concepção oriental do nada, a realidade não é o real, é imitação e virtualidade, mas o objeto que ela imita e substitui não existe. Quanto a Lacan, mais precisamente, como explica em "Os Escritos Técnicos de Freud", "o real, ou aquilo que é percebido como tal, é o que resiste de modo absoluto à simbolização"; ao contrário, a realidade é tecida de ordem simbólica ou de linguagem. Entendido sob a perspectiva indiana, o real coincide com o nada e a criação do nada conserva com aquilo de que provém o nexo essencial: é imitação do nada, declina o nada como ilusão[1].

Partindo dessas premissas, Aldo Tagliaferri avança uma hipótese crítica cativante que o leva a subdividir a arte contemporânea em "matérica" e "icônica". Escreve Tagliaferri:

enquanto a arte icônica reenvia aos referentes intermediários as formas das ilusões simples, a não icônica do matérico tem como seu próprio

---

1 A. Tagliaferri, Una materia controversa, *Il verri*, n. 22.

referente o nada, situando-se como aquilo que, diretamente, o substitui, imitando-o. A primeira, historicamente articulada sob diversas denominações, estreitamente interdependentes (realismo, neorealismo, hiperrealismo e semelhantes), pinta a realidade; a segunda, o real.[2]

Transferindo tal modelo de análise crítica ao mundo mais prosaico do design, poderemos, mesmo aqui, propor a hipótese de uma subdivisão entre produtos reconduzíveis a uma matriz "matérica" e outros, em vez disso, sustentados por uma inspiração definível como "icônica".

Nos produtos matéricos, encontraremos aqueles mais fortemente contestáveis que, rechaçando qualquer tipo de uniformização e de simbolização, pareceriam querer aludir ao nada e à dramática ausência de qualquer traço de real. Enquanto os produtos de tipo icônico seriam aqueles comprometidos com a realidade, a ponto de reivindicar um lugar bem à vista, do qual possam exibir os seus valores simbólicos, ricos talvez em valores de forma e de funções, mas irremediavelmente destinados a não ser nada mais do que uma ficção. A ficção de uma realidade que, ainda que fascinante e sedutoramente reflexa, não deixa de ser uma realidade meramente virtual.

Se é verdade que a essência da arte reside naquilo que, ao se contemplar a obra, não se vê, é também verdadeiro que a sua revelação se manifesta apenas aos olhos de quem é apaixonado pelo conhecimento e pelo saber.

Poder-se-ia agora sustentar que a relação que se estabelece entre os objetos de design e todos aqueles que os adquirem, talvez se limitando a contemplá-los, seja estreitamente correlato com o saber do adquirente. Um saber, portanto, propedêutico à aquisição, hoje essencial para se poder apreciar os produtos de design e, num futuro próximo, para individuar a qualidade oculta no interior de propostas sempre mais sofisticadas de serviços, de experiências e de transformações. Restaria agora investigar não só como produzir os produtos e serviços, mas ainda as experiências e as transformações, e como medir a eficácia que, provavelmente, se manifestará em uma escala tão ampla quanto a distância entre o que é efêmero e aquilo que, ao contrário, é duradouro de maneira irreversível.

2 Ibidem.

Introdução

*Dentro de qualquer minoria inteligente,
há uma maioria de imbecis.*

ANDRÉ MALRAUX

Assim como a arquitetura não se refere e não se compreende exclusivamente por meio da catalogação de diversos edifícios, de modo análogo o design não pode exaurir-se em uma soma infindável de produtos. Em particular, o design dos móveis e dos outros elementos de decoração não pode ser explicado mediante a simples compilação de conjuntos, talvez com o acréscimo de poucas palavras para se fazer a didascália das imagens de cadeiras, poltronas, mesas, divãs, lâmpadas e todas as demais peças fabricadas por aquelas empresas que orientam a sua produção por critérios de *furniture design*.

A definição da arquitetura como disciplina autônoma e reconhecível se fundamenta tanto sobre a classificação de projetos e de edifícios quanto sobre a consolidação progressiva de um corpo teórico e crítico, feito de textos, manuais, revistas, ensaios, livros e mais debates e conferências, dentro e fora de associações e de institutos universitários, profissionais e culturais.

Da mesma maneira, o *corpus* da arte é constituído de obras, mas também das palavras ditas e, sobretudo, escritas; e assim aconteceu em todas as demais disciplinas de todos os campos do saber e do conhecimento humano. É compreensível que qualquer coisa de semelhante deva realizar-se também a respeito do desenho industrial (*industrial design*), jovem disciplina que certamente tem tanta necessidade de projetos de qualidade quanto de desenvolver toda forma possível de reflexão, seja metodológica, sociológica ou histórica, em torno do próprio ser e do próprio fazer, a fim de dotar-se de um aparato crítico adequado que a ajude a crescer.

Este ensaio pretende contribuir para a compreensão do fenômeno design e, particularmente, do design inerente ao mobiliário e à decoração. Não se distribuem receitas nem se oferecem soluções, mas se procura, mesmo assim, estimular e despertar a curiosidade, olhando as coisas de um ângulo incomum e referindo-se a elas de uma maneira às vezes provocativa. E o fazemos intuitivamente, sugerindo-se hipóteses, e não teses já elaboradas e desenvolvidas com rigor metodológico.

No centro estão as relações que o design manteve e mantém com o luxo, o belo e o gosto, em particular no mundo dos móveis e da decoração, no interior daquilo que vem comumente definido como sociologia do consumo ou cultura material.

As argumentações utilizadas sustentam a tese de que o desenho de móvel, o *furniture design*, tenha se convertido hoje, na Itália e no Ocidente economicamente desenvolvido, mais do que em outros lugares, um "luxo cultural" que identifica um mercado de consumo de crescimento gradual, mas constante. Um mercado alimentado por uma produção consciente de objetos portadores de "fragmentos de estética" que, ao colocar em crescente circulação uma quantidade de beleza e de qualidade formal, contribui de maneira relevante para a definição dos novos cânones do gosto.

Tal coisa poria em cheque as ideias-guias que animaram o ensino e a obra de boa parte dos pais fundadores do design, que sonhavam tornar o belo acessível a todos, ou ao menos à maioria, graças justamente ao design, por eles elevado à condição de instrumento para a realização de uma utópica transformação estética de molde socialista, uma revolução no sentido de uma nova estética, uma autêntica "estética industrial".

O fato de que o design tenha se convertido hoje, de maneira ainda mais difundida, em um luxo cultural, está em surpreendente sintonia com um processo mais geral de desmaterialização, que vê crescer o número e a importância dos bens intangíveis em detrimento dos bens materiais. Por isso acontece, por exemplo, que um número crescente de pessoas esteja propenso a atribuir mais valor a um objeto de desenho refinado, no qual se utiliza um material pobre, do que reconhecer em um outro funcionalmente análogo, talvez feito com material precioso e de maior valor, mas, não obstante, considerado menos apreciável por ser julgado menos válido estética e conceitualmente.

Nesse sentido, então, quanto mais o mercado for alimentado por produtores e distribuidores evoluídos e habitado por consumidores igualmente evoluídos, tanto mais os produtos de design poderão ser considerados de luxo, porque caracterizados por esta nova espécie de valor cultural do qual eles são portadores.

∷ ∷ ∷

O primeiro capítulo deste trabalho procura dar uma explicação do grande desenvolvimento que o design conheceu na Itália, particularmente no setor de móveis e de outros produtos destinados à decoração, procurando encontrar as razões que fizeram da Itália e da Alemanha dois países onde se produz, se consome e se fala majoritariamente de *furniture design*. O raciocínio se move no confronto dessa constatação com a contrária e bastante fria acolhida que a França e a Inglaterra há muito reservaram ao design, convertendo a Itália, nos últimos cinquenta anos, num fenômeno econômico e cultural de grande importância, capaz de imprimir um forte e novo desenho à imagem do país no mundo.

Sucessivamente, e sob o traço de uma leitura heterodoxa, propõe-se uma revalorização do luxo, que ponha em relevo sua importância econômica e narre sinteticamente sua história recente, resgatando-o dos muitos golpes que lhe foram impingidos no correr dos séculos, seja pelo pensamento religioso sustentado pela igreja católica, seja por aquele filosófico presente nas reflexões laicas de numerosos e importantes pensadores, quase sempre ferozmente moralistas e insuportavelmente santarrões.

Do luxo são analisadas e descritas as últimas transformações legadas à evolução global do mercado de consumo de massa. De uma parte, um novo luxo social-democrático, quase uma "experiência" oferecida a todos aqueles que, sempre mais numerosos, chegam às pompas ostensivas do bem-estar; de outra, um luxo igualmente novo, mas intangível, dimensão imaterial e acessível a poucos privilegiados.

Prossigo ilustrando, sem a pretensão de ser exaustivo, algumas tentativas históricas, tendo por objetivo o enquadramento sistemático do belo na estética. Um tal enquadramento é premissa indispensável à elaboração dos cânones formais que definem as regras do gosto – mais a do "bom gosto" – consentindo igualmente formular juízos estéticos, talvez até muito diferentes entre si, mas todos reconhecíveis como *aesthetically correct*. Por fim, os últimos capítulos defrontam-se com questões mais inerentes ao design.

Evitando expressamente olhar aspectos ligados à criatividade e à produção, examinam-se com mais atenção os fenômenos relativos à distribuição, ao consumo e às relações que se vão instaurando entre o homem e a "floresta artificial" que vai progressivamente cercando e cegando-o, uma floresta feita de mercadorias e de templos para a glorificação do consumo.

A intenção é contribuir para o desenvolvimento estratégico do *furniture design* italiano no interior do mercado global, abrindo as portas a uma pesquisa que aprofunde as análises econômicas e socioeconômicas, mas que, sobretudo, enfrente as implicações socioculturais deste design que já representa uma fenomenologia complexa, no interior da qual seria útil poder enquadrar um "Sistema do Mobiliário do Design".

Um sistema a ser entendido como *corpus* de regras ao qual se possa fazer referência e, eventualmente, ser usado para individualizar e definir os "critérios justos" próprios ou pessoais. E isso não só para um projeto, mas também para a produção, a distribuição e o consumo de objetos de design.

Um sistema apto a fornecer um instrumento de reflexão histórico e crítico, a propósito dos critérios utilizados e utilizáveis – critérios obviamente passíveis de revisão, transformação e inovação – para projetar objetos capazes de reinterpretar e reinventar continuamente "o que fazer", para produzi-los sabendo "como fazer", para distribuí-los, sem esquecer de explicar "o que fazer deles", para consumi-los, tendo uma ideia suficientemente clara a respeito de "como usá-los".

O espaço ocupado hoje pelo design e pela indústria coincide com aquilo que foi por séculos e séculos ocupado, para o bem e para o mal, pela arte e pelo artesanato. A nostalgia de muitos pelas obras e processos dos bons tempos passados não deve fazer esquecer que, assim como a indústria quase tomou completamente o lugar do artesanato, o design substituiu a arte em muitas de suas funções e prerrogativas.

Dito isto, se reconhece que nem todos os manufaturados industriais e nem todos os projetos de design apresentam o mesmo nível de qualidade. O novo sistema de produção gera produtos de qualidades diversas, enviando ao mercado bens de prestígio e características muito diversas entre si. Os produtos verdadeiramente excepcionais, pela qualidade do projeto e pela qualidade construtiva, são poucos; os medianamente aceitáveis são muitos; e os de valor ínfimo, muitíssimos.

De outro lado, nem todas as obras dos artistas do passado eram sempre excepcionais. Pintores e escultores realizavam obras-primas e grandes obras de arte, mas, com igual certeza, se produziam também grandes quantidades de obras e de trabalhos que, embora sendo de fatura apreciável, não alcançavam, apesar disso, a excelência.

De maneira análoga, a grande quantidade de artigos de tipo diverso, que eram fabricados nas bodegas artesanais para uso doméstico ou de guerra, resultava prevalentemente de fatura e qualidade bastante modesta, e só com dificuldade capazes frequentemente de absorver as funções que os artífices buscavam garantir, elevando-se a níveis de excelência fabril apenas raramente, sobretudo quando destinados às encomendas mais importantes e exigentes.

Naturalmente, os produtos que vemos hoje conservados nos museus e nas coleções privadas, representam, com boa probabilidade, os melhores exemplares dos trabalhos dos artistas e artesãos do passado, tendo sido filtrados pelo tempo e pelo gosto daqueles que, selecionando-os e os conservando, fizeram propagar-se. É bastante provável que o tempo tenha engolido milhares de obras de arte – quadros, esculturas e outros tipos de obras – que, ainda que tivessem chegado até nós, não teriam, de qualquer maneira, conseguido elevar-se aos mais altos níveis, aqueles reservado às obras de Arte com A maiúsculo. Nas paisagens domésticas, no interior das quais nós hoje nos movemos, seguramente prevalecem – e talvez com mais significado e importância – os produtos realizados pela indústria e pelo design, mais do que o são os elaborados por artesãos e artistas.

Com a transformação econômica causada pelo advento da revolução industrial, o declínio das formas artísticas tradicionais e a multiplicação das novas formas de representação, seguiram-se a explosão e a subsequente fragmentação da arte, correspondendo à drástica redução contemporânea do papel econômico desenvolvido por muito tempo pela produção artesanal.

Para o artesanato, tratou-se de uma redução relevante, sobretudo por seus desdobramentos econômicos, dado que algumas das competências artesanais extravasaram para a indústria, enquanto outras foram alimentar um novo tipo de artesanato, não mais hegemônico, mas ainda vital, sobretudo em certos setores. O declínio clamoroso da arte clássica, ao contrário, colocou em ação um conjunto bem mais complexo de implicações, talvez pouco relevantes do ponto de vista econômico, mas extremamente importantes do ponto de vista cultural.

No final do século XVIII, o estatuto social da arte havia adquirido um nível nunca antes alcançado, capaz de permitir ao artista a conquista de uma identidade importante e bem definida no interior da sociedade da época; e à sua obra, um papel reconhecido e de prestígio. Um papel central tanto para representar os valores da aristocracia em declínio e da burguesia emergente, quanto para comunicar os signos dos poderes, o privado e o público. Talvez seja justamente nesse período que o artista e sua obra tenham alcançado o ponto alto de legitimação e reconhecimento na senda milenar, através da cultura e da sociedade ocidentais.

Ao contrário, no século XIX, sobretudo a partir da segunda metade, a arte sofreu uma revolução traumática, tanto na prática quanto na teoria, determinada pela quebra daqueles valores fundadores sobre os quais, por séculos, esteve assentada, e em virtude dos quais parecia ter alcançado uma grande e intocável solidez.

No século XIX, a arte clássica decide renunciar ao porto seguro alcançado, afastando-se das amarras conquistadas graças à ancoragem respeitosa em critérios e cânones formais claramente definidos e amplamente reconhecidos. Por isso, após ter alcançado o vértice, a arte acaba subvertida pelas consequências devastadoras de uma explosão típica e verdadeira, que se apresenta nas formas de uma transgressão incontida.

A arte oitocentista decide sair dos salões e das saletas para descer às ruas, onde se identifica e se abre ao político e ao social, como nunca antes, e, recusando limites e vínculos, abandona-se a uma transgressão contínua e extensiva, que leva o trabalho do artista a romper com todos os cânones formais e estéticos pré-existentes e voltar-se para o diálogo com uma nova realidade revolucionária e revolucionada.

Em pintura, abandonando a segura reprodução da natureza, os quadros rompem não apenas os critérios compositivos, mas até mesmo os limites físicos representados pelo perímetro das molduras. Tendo decidido representar e transmitir o mal-estar da nova sociedade, nascida na esteira da nova economia industrial, a arte põe em prática a recusa a qualquer condicionamento, pela qual toda forma artística procura novas saídas formais e conceituais e novos lugares físicos para a representação de ideias e ideais. Ideais que vêm quase sempre gritados, pelo que se assiste à tentativa continuada do artista de superar, por meio de sua obra, a distância que separa a sociedade de sua arte, uma arte transtornada, que parece ter definitivamente perdido aquele papel histórico e aquela centralidade social que o velho sistema tradicional lhe havia concedido.

∷ ∷ ∷

A crise da arte interrompe o idílio que ela, por muito tempo, manteve com o gosto, o qual, perdendo a ancoragem consolidada que lhe era oferecida justamente pelo mundo da arte, perde a fonte principal e, por certos aspectos exclusiva, sobre a qual se foi por muito tempo plasmando, estruturando e legitimando.

Assim, explica-se por que ocorreu que o gosto se entregasse gradualmente e sempre mais a novos parâmetros, bastante diferentes daqueles, desde então excessivamente controvertidos, heterogêneos e que fogem de maneira expressa da arte; novos parâmetros fundados sobre valores estéticos novos, que não fazem referência à arte clássica nem à contemporânea.

Abandonando gradualmente as referências à arte, o gosto andou se avizinhando mais dos valores expressos pelo design, cujos produtos, quando alcançam a excelência, assumem a relevância estética de verdadeiras e típicas obras de arte na época de sua reprodutibilidade técnica. Com o advento da modernidade, o processo de formação do gosto passa a fazer referência aos produtos do design, o que antes era referente às obras de arte, neles reconhecendo um grau maior de representatividade do nível estético oferecido pelas paisagens industrial e pós-industrial, e mais emblemáticas dos problemas contemporâneos. Portanto, podemos compreender que quem hoje, ao visitar a casa de um amigo, quisesse julgar-lhe o gosto, poderia certamente fazê-lo não só observando e avaliando os quadros eventualmente visíveis e outras obras de arte presentes no ambiente, quanto, mais frequentemente, voltar-se para os objetos decorativos ou de uso reunidos e expostos no interior do espaço doméstico, muitos dos quais resultariam de projetos de um designer para depois serem industrialmente produzidos.

Talvez a explosão do consumo, além de uma crescente e perigosa padronização, tenha provocado até mesmo um fenômeno curioso de desorientação diacrônica, no momento em que, no interior de cada indivíduo, de maneira notável e com frequência, explode o desequilíbrio entre a "cultura humanística", expressa pelo pensamento e mensurável pela bagagem de conhecimento de cada um, e a "cultura material" que, ao contrário, se mede pelo conhecimento empírico do mundo dos objetos que cada um possui ou ambicionaria possuir. Disso deriva aquela sensação de estranhamento e de falta de equilíbrio que amiúde se experimenta ao se encontrar pessoas que, graças à mediação do dinheiro, rapidamente mudaram suas relações com os objetos, embora não tenham talvez mudado nem o seu conhecimento nem sua cultura. Isso transparece às vezes no contraste entre a sofisticada modernidade dos bens possuídos e ostentados e a arcaica dureza das pessoas ou, mais ainda, a grosseria de seus comportamentos.

Eis então que os bens parecem assumir o aspecto de próteses grotescas e fora do lugar, provocando um desagradável contraste e impedindo que se manifeste e se realize aquele equilíbrio natural observado toda vez que as coisas e as pessoas estão harmonicamente em seus lugares, graças à fusão sinérgica de atitudes inatas e induzidas, que de algum modo realiza o milagre daquilo que desejaria definir como o "gosto justo".

Milagre esse efetivado justamente quando as atitudes inatas, recebidas casualmente como dádivas e sem mérito pessoal, unem-se a outras induzidas por meio da educação para o belo e se sublimam e se fundem ambas no exercício de uma cultura material refinada e, assim, na capacidade de fazer funcionar mais adiante a noção abstrata de "bom gosto objetivo", unindo o ponto mais alto, aquele vértice representado pela harmonia expressa no "gosto justo subjetivo": aquele gosto sempre diferente que, no entanto, permite a cada um estar em equilíbrio consigo mesmo, com sua própria origem e cultura, prescindir da própria renda, de modo a aparecer sempre em harmonia com o contexto e nunca em distonia com o ambiente em que vive.

É fácil perceber o quanto é ilusório considerar que esse milagre possa ser realizado confiando-se na mesquinharia do dinheiro e na quase sempre inexistente capacidade de equilíbrio e harmonia que caracteriza aqueles que acumularam muito depressa, tendo aprendido muito bem a ganhá-lo, mas permanecendo incapazes de gastá-lo igualmente bem. Mas talvez esse tipo de distonia se aceite como o reverso da medalha, cunhada com a aceleração impressa em nossa vida pela economia industrial e pela consequente revolução do consumo, que substituíram irremediavelmente o tempo lento da tradição pelo frenético da modernidade. Uma mudança que Freud julgava ser a causa daquele mal-estar coletivo que ele individuou como presságio, diagnóstico e sintoma, definido por ele como *mal-estar da civilização* e analisado em uma coleção de ensaios assim intitulada; ensaios nos quais se aventura a investigar os problemas da coletividade com os mesmos instrumentos de indagação da psicanálise individual.

Hoje mais do que nunca, o homem não se caracteriza por aquilo que "sabe" ou "faz", mas, antes, pelo que "pode" ou "possui". Mas talvez sempre tenha sido assim, com a única diferença que hoje esta caracterização é consentida a um número crescente de indivíduos que, graças à difusão global dos bens, promovida e sustentada por uma oferta sempre mais sedutora, sucumbem aos afagos de uma homogeneização crescente. Homogeneização vendida como atributo do progresso, como difusão benéfica e positiva do consumo, como promessa, por meio da democratização do luxo, da conquista da sonhada terra prometida, do paraíso na terra.

E uma vez que o tempo do saber e do fazer é um tempo inevitavelmente lento, enquanto o do poder e do possuir é um tempo tanto mais rápido quanto maior for a quantidade do combustível-dinheiro do qual se pode dispor, disso deriva que a sobreposição de ambos os tempos na vida de alguns se manifesta como um desequilíbrio, como batalha portadora de desarmonia.

Aquela harmonia só pode ser recomposta mediante um trabalho cultural individual, tendo por finalidade a definição do próprio "gosto justo" pessoal. Trabalho que todos deveriam aprender a conduzir por si, para poder finalmente exprimir a própria subjetividade madura mediante a formulação de juízos estéticos originais, tornando-se dessa maneira sempre e cada vez mais o artífice único das próprias escolhas, transformando-se de consumidor em hedonista virtuoso, ou em um prudente e não manipulável "projetista do próprio consumo".

Em vez disso, a tarefa de raciocinar ou refletir para a individuação e a definição de um bom gosto coletivo – referência objetiva capaz, se não de caracterizar, ao menos de servir para a orientação a grupos de indivíduos relativamente homogêneos pela língua, história, cultura, renda e atitudes – permanece entregue à coletividade, particularmente aos seus pensadores e filósofos.

:: :: ::

Para nós, operadores do mundo do design, fica a tarefa de arregaçarmos as mangas com o intuito de perseguir o único objetivo que vale a pena ser perseguido, o de projetar, produzir e levar ao mercado produtos de apurado desenho, a fim de que possamos ser apreciados pelo maior número possível de pessoas. Tarefa que deve desenvolver-se, no entanto, de maneira equilibrada e crítica, sob o amparo contra qualquer coação, mas sem renunciar a nada, nem mesmo à utilização de experiências e de conhecimentos adquiridos durante a convivência elitista que homens e produtos tiveram com o luxo.

Alexander Lowen escreve:

> O resultado concomitante da sociedade de massa é a produção da cultura de massa. Reproduzir as obras-primas dos mestres a preços acessíveis a todos pode parecer um grande benefício para a humanidade, mas o efeito evidente dessa mercantilização é a redução do valor das obras-primas em favor da informação. Uma informação excessiva pode ofuscar a mente, assim como uma exposição prolongada pode entorpecer o gosto. Quando a cultura se torna um fenômeno de massa, perde-se a capacidade de discriminar. Quando desaparece o gosto, esvai-se a distinção entre alto e baixo, bom e ruim. Não sou contra a ideia de que todos temos o direito de conhecer a cultura em que vivemos. Mas não creio que a cultura possa ser transmitida à massa. A missão da cultura é a de transformar o indivíduo de massa em um verdadeiro indivíduo, mas para fazer isso deve-se reconhecer a individualidade de cada pessoa, sustentar a sua luta pelo prazer e dar o máximo respeito ao seu direito de dizer não. Não devemos confundir a informação com o conhecimento. Um indivíduo não aprende somente com a cabeça, mas também com o coração e todo o ser. O que se aprende dessa maneira é verdadeiramente conhecido. O que é conhecido apenas com a cabeça é informação. O aprendizado é uma atividade criativa. Somos inspirados a aprender pela promessa de obter prazer, e essa promessa é mantida apenas quando verdadeiramente aprendemos alguma coisa. Vamos à procura de informações para aprofundar o nosso conhecimento e aumentar o prazer. Não há necessidade de o impormos, como sucede em muitos sistemas educativos. Quando a instrução se baseia no prazer, a escola se torna uma alegre aventura na descoberta de si mesmo.[1]

Preocupado com reflexões análogas, Thomas S. Eliot observa e, mais sinteticamente, se interroga: "Onde está a compreensão que perdemos com o conhecimento? E o conhecimento que perdemos com a informação?" Uma informação que de agora em diante, porém, ao menos na opinião dos mais perspicazes responsáveis pelo trabalho, tornou-se uma overdose de informação, semelhante a uma geleia midiática da qual provém um

---

1 *Il Piacere.*

ruído de fundo contínuo e indistinto. E acrescentarei que a vida poderia e deveria se tornar uma alegre aventura, enquanto de seu lado o design poderia trazer certamente uma vantagem na utilização de experiências que reconquistem uma valorização correta e no uso não destorcido dos conceitos de luxo e de bom gosto.

A crescente difusão das mercadorias e as inter-relações que elas entretêm com o grande público dos consumidores estimula a importância do design, para além do seu papel no interior do processo de produção e de distribuição, fazendo-o converter-se no instrumento fundamental de uma nova dialética social, que poderia e deveria contribuir para cultivar e auxiliar as atitudes e as propensões de cada um para o belo e o desenvolvimento do "gosto justo" pessoal.

Se o design pretende ser até uma didática profissional, então deveria ajudar aqueles que desejam aprender a projetar, produzir e distribuir design a fazê-lo a serviço de uma ideia elevada e não apenas mercantil: uma ideia nobre que aprenda a tornar-se projeto e depois a transformar-se em produto, não apenas para permitir o lucro e ganhar dinheiro, mas na convicção, só aparentemente presunçosa, de que ao oferecer produtos nascidos de uma ideia se possa inverter a sequência perniciosa e obtusa, sustentada pelo marketing insolente, para o qual só a demanda deveria orientar a oferta.

O verdadeiro design, aquele no qual eu creio, faz justamente o contrário, baseando-se na convicção de que é tarefa da oferta estimular a demanda e fazê-la crescer. Esta convicção permitiu a uma grande quantidade de produtos despertar uma demanda mais ou menos latente, conseguindo desse modo obter um grande sucesso. Porém, um sucesso alcançado subordinando as orientações do mercado e os valores econômicos ao paradigma de um design criativo, rigorosamente ancorado nos valores da inovação e, sobretudo, atento e respeitoso dos valores de uma regra ética e estética superior.

1. Grande Geografia, Pequena História

> *A história, não a fazem os homens:*
> *os homens submetem-se à história*
> *como se submetem à geografia.*
>
> GIOVANNI GUARESCHI

Por séculos e séculos, após a queda do Império Romano, a península italiana foi atravessada, de lado a lado, por exércitos de povos diversos. Entre o fim de 1400 e o início de 1800, os exércitos inglês, espanhol e francês em particular, fizeram boa parte de suas histórias na geografia italiana, flanqueados quase sempre por aliados de outros países; mas também por aliados "italianos", ou, melhor dizendo, por aliados que controlavam porções do território italiano, com maior ou menor autonomia política.

Que se recorde que antes da fundação do Estado italiano, em 1861, a Itália esteve dividida politicamente em numerosos estados soberanos, quase todos de pequenas dimensões, mas muito vivos culturalmente, que permitiu um desenvolvimento variegado e multipolar do território. A falta de unidade política foi certamente a origem de muitos dos maiores danos que ainda nos afligem e caracterizam, mas livrou-nos dos riscos do centralismo à francesa. De maneira que, até meados de 1600, Roma, Palermo, Napoli, Gênova, Veneza, Florença e muitas outras produziram e exportaram para toda a Europa ideias, gostos e cultura. Eis que a grande cozinha francesa nasce em Ferrara, cresce em Florença e depois chega à sua maturidade em Paris; que o Barroco, uma invenção que caracteriza o gosto de uma época, difunde-se de Roma para vingar especialmente na Espanha e na França de Luís XIV; que a sereníssima república de Veneza e a Roma papal influenciaram fortemente os costumes e ditaram os cânones de comportamento em muitos setores da vida social e da criatividade artística.

Mas que também seja lembrado que isso ocorria na ausência daquela unidade política que permite ler os eventos acontecidos em um determinado território geográfico como fatos históricos, isto é, como fatos reconduzíveis a esta ou àquela nação enquanto titular de uma subjetividade política em condições justamente de legitimar a leitura histórica dos eventos ocorridos naquele território. Território definido não apenas geográfica, mas também politicamente.

E ainda cabe recordar e entender as consequências causadas pelo fato de que por centenas de anos as potências europeias, em luta entre si pelo domínio e o controle do território, guerrearam sobre nossa terra não apenas saqueando nossas casas, mas até nos impedindo de cultivar e desenvolver os nossos costumes e hábitos nos diversos âmbitos.

Assim é que as boas maneiras, a arquitetura, a decoração, o penteado, a cozinha e a literatura não poderiam fazer outra coisa senão refletir o revezamento dos estilos imperantes, provenientes das capitais transalpinas, e sobretudo da mais próxima, Paris. Naturalmente, como todo o resto, chegavam de longe os móveis e modelos de decoração para as casas privadas e os espaços públicos.

Escolhidas pelo capricho e sustentadas pelo poder, as modas e os estilos decorativos em voga nas cortes reinantes estrangeiras sucederam-se, aparentemente, propondo os novos modelos, mas, efetivamente, impondo-os aos nossos artesãos, que nada podiam fazer senão imitá-los para seguir a demanda dos seus comitentes locais.

As nossas classes dirigentes limitavam-se a desenvolver um papel vicário, aquele de súditos-cúmplices a serviço do país dominante, cúmplices certamente autoarrendados, mas privados de uma efetiva autonomia cultural, súditos perdedores nos planos político e militar. Na melhor das hipóteses, aos representantes da nossa aristocracia e da nossa burguesia nascente só restava gerir, em nome e por conta de outros, porções mais ou menos grandes do território, macaqueando e imitando roupas, mobiliários e costumes dos vencedores, mas sem qualquer possibilidade de acesso à definição dos direitos fundamentais.

Aqueles direitos que os italianos obtiveram só depois de muitos séculos, quando, rebelando-se contra o seu estatuto de súdito, conquistaram a condição de cidadãos e, com ela, o direito de viver segundo seus próprios hábitos, vale dizer, vestindo suas roupas tradicionais, decorando suas casas com seus móveis, cantando suas canções, dando forma, gradualmente, a um estilo próprio de vida.

Enquanto os italianos continuavam divididos, súditos de pequenos estados manobrados e controlados pelas potências hegemônicas, mesmo quando conseguiram criar alguma coisa boa, raramente tiveram a possibilidade de propor e menos ainda de impor algo, em se tratando de modelos de móveis, de lâmpadas, de objetos para decoração ou de qualquer outra coisa.

Semelhante à fragmentação geográfica do território italiano foi a do território alemão, também ele subdividido em tantos pequenos centros de poder, com independência limitada. Uma das consequências desse estado de coisas é que não há lembrança, nem se conservam exemplos relevantes, de móveis alemães ou italianos, em todo o período que vai do século xv ao xix, simplesmente porque a Itália e a Alemanha existiam então apenas como entidades geográficas, privadas de uma representação política única e centralizada. É verdade, certamente, que se conservam elementos apreciáveis de móveis "toscano" ou "veneziano", provenientes do território geográfico comumente definido como italiano, assim como se conhecem peças "bávaras" ou "prussianas" provenientes do espaço germânico. Assim como se reencontram depois, na Itália como na Alemanha, exemplos numerosos e relevantes de móveis copiados ou feitos "à maneira" dos modelos originais franceses ou ingleses. Mas italianos e alemães eram, naqueles anos, populações sem mobiliário nem história, que habitavam uma bela e grande geografia, bela e grande para induzir as grandes potências a usá-las como cenários ideais para escrever "suas" histórias, aquelas histórias que se relatam por intermédio de suas guerras e dos vários episódios relativos a "seus" domínios, no suceder de um relato que é, entretanto, o das batalhas e incursões nos lugares de "nossa" geografia. O todo num complicado enredo de eventos que nos séculos formaram o mapa sociocultural e econômico da Europa, tecendo a urdidura da história de alguns povos com a trama da geografia de outros. A Inglaterra, a França e, em certo sentido, a Espanha gozam geográfica, mas também historicamente, de posições absolutamente particulares, que lhes permitiram alcançar muito cedo a unidade política, com a aprovação de uma preexistente homogeneidade linguística. Embora passando por modificações territoriais e de representação política, a França, por exemplo, é um único país, desde a subida de Carlos Magno ao trono. Iniciou-se, há mil e duzentos anos, a história de um país governado por um só rei, com uma língua apenas, uma moeda e uma só organização política, econômica e militar.

Ao contrário, os episódios históricos que conduziram à formação da maioria dos estados modernos tiveram origem mais recente e se desdobraram em torno da ideia de "nação", assim como ela veio se formando durante o romantismo, entre o fim do século XVIII e o início do século XIX, quando o Estado moderno emerge, envolto em um novo sentimento de "nacionalidade", por meio do qual se resume e se afirma a singularidade de todo país como realidade única e irrepetível, caracterizada por um território próprio, uma história própria e uma cultura particular[1]. Uma ideia de nação que quase sempre se desenvolve alimentando movimentos irredentistas, todos voltados à libertação de seus territórios para transformá-los em novas nações, isentas da dominação relativa a franceses, ingleses e austro-hispânicos, dominantes até mesmo em virtude do privilégio de haver alcançado antes as independências nacional, territorial, econômica, militar e a identidade linguística.

O romantismo individualista do século XIX substitui a teoria generalizante do Iluminismo, afirmando o primado da fantasia e do sentimento não apenas como instrumentos capazes de inspirar todo homem, à sua maneira, mas também de caracterizar a singularidade de um povo, reconhecendo e valorizando a originalidade de suas leis, de suas tradições e de sua cultura.

Também na Itália essas ideias e esses conceitos abstratos foram organizados politicamente com o objetivo de incitar

---

1 Ver F. Chabod, *L'idea di nazione*.

e guiar o país em direção a uma unidade política, capaz de torná-lo um padrão da própria história, conduzindo-o além dos estreitos limites de uma territorialidade fragmentada e bastante limitada politicamente.

Na Europa, a ideia de nação afirma-se no século XIX, sobretudo no interior de territórios habitados por populações privadas de uma unidade política, como a Itália, a Alemanha e a Polônia, que procuraram, cada uma por conta própria, desenvolver concretamente a ideia de nação, com a realização do ideal de um estado soberano, unido em torno de novos valores simbólicos, expressos na sacralidade da pátria. Mas o caminho para a efetiva afirmação da ideia nacional é muito longo e não se esgota com as declarações formais e as definições dos confins geográficos; passa também pela lenta conquista e a valorização sucessiva dos valores culturais de origem, os únicos capazes de representar emblematicamente a unidade nacional. Esse caminho, percorrido em boa parte nos quase 150 anos da independência política, em alguns anos deve confrontar-se com as instâncias e reivindicações expressas pelo movimento federalista, sob certos aspectos em aparente contradição com a unificação econômica e política expressa pelo europeísmo.

Foi preciso esperar muitos anos após a constituição do reino da Itália, em 1861, para se começar a ver produtos fabricados em algumas partes da Itália, distribuídos e consumidos em todo o país, de norte a sul. Certamente se recordam produtos emblemáticos, antecipadores de um "estilo italiano", como a Vespa ou a máquina de escrever e a calculadora Olivetti. Mas se passaram quase cem anos, até metade do século XX, para se ver o primeiro móvel, o primeiro elemento de decoração verdadeiramente italiano, inteiramente criado e produzido na Itália e conhecido e vendido do Brennero até a ilha de Pantelleria: a cozinha Salvarani, na minha opinião o primeiro móvel "italiano". Deve-se ainda notar que ela se afirma na moda da época, que pedia novamente a cozinha "americana", ecoando, de maneira um pouco paradoxal, um modelo de fato inexistente. Na realidade, as cozinhas dos americanos eram, naquela época, bem diferentes das cozinhas "americanas" de nossas casas, que procuravam se legitimar recorrendo a um hábito e atitude já seculares: a de propor sempre e apenas coisas feitas à semelhança de modelos que tenham proveniência, verdadeira ou presumida, de países dominantes; mesmo nesse caso, prevalece o costume de subordinar os próprios valores àqueles do novo padrão. De maneira que, paradoxalmente, até mesmo a primeira cozinha italiana, que como disse pode ser considerada o primeiro móvel verdadeiramente italiano, buscou emergir e afirmar-se com a reivindicação de uma origem americana inexistente, pois o novo padrão fala inglês, mas sendo americano dos Estados Unidos.

Mas como toda moeda, mesmo essa tem, afortunadamente, o seu reverso que é, como sucede com frequência, o seu lado melhor; e desta vez parece justamente sê-lo, ao menos para nós, italianos. De fato, quando, com muito atraso em comparação com as potências europeias monopolizadoras do poder e dominadoras incontrastáveis da Europa por séculos, a Itália e a Alemanha conseguiram finalmente uma estabilidade nacional, encontraram-se ambas "esvaziadas" de boa parte das coisas que haviam criado e produzido; e ainda mais, encontraram-se privadas de uma identidade nacional que pudessem manifestar, entre outras coisas, por intermédio de um mobiliário autêntico e original, assim como de objetos decorativos. Na mesma época, na França, Inglaterra e Espanha, de um lado pelo crescimento de um grande mercado antiquário, em parte alimentado por vestígios de antigos saques, e de outro por causa de uma hiperdefinição monótona do sistema decorativo, já mumificado pela reiterada proposição dos mesmos estilemas, estavam como que atrofiadas as instâncias de renovação que, no entanto, provinham das novas gerações, portadoras, mesmo nesses países, de uma nova sensibilidade e de uma nova criatividade.

A reiteração secular dos mesmos estilemas fez com que, no mundo platônico das ideias de um inglês, a mesa seja sempre de madeira, de jacarandá ou mogno vermelho escuro, que haja sempre a mesma forma entre o oval e o elíptico, sempre com a parte central fixa e duas asas laterais, graças simplesmente ao deslocamento dos dois compassos sobre os quais a mesa se apoia; que analogamente, para um francês, o *boudoir* se torne, com o passar do tempo, uma espaço intocável e hiperdefinido com suas *tables habillées*, sua lâmpada *abat-jour*, suas *dormeuses*, *canapés* e *fauteils* Louis alguma coisa, revestidos de tecidos damasquinados ricos e originais.

No mundo das ideias decorativas de um italiano não se encontram nem clichês franceses nem *patterns* ingleses, simplesmente porque o nosso acontecimento histórico não nos permitiu chegar à formulação autônoma de modelos originais e caracterizantes. Assim, quando finalmente chegamos, graças ao design, a projetar e produzir elementos de decoração não copiados de outros, viu-se que uma mesa pode ser feita em todas as formas e com todos os materiais, indiferentemente; pode ser retangular, quadrada, circular, elíptica ou trapezoidal; em madeira, mármore, cristal, metal ou ainda um pouco disso e daquilo. E com o advento do móvel de design, predomina o hábito de compor-se a própria decoração por peça, enquanto desaparece o costume de se mobiliar e decorar por ambiente. Após a revolução do design não se propõem mais cômodos ou ambientes, mas fala-se apenas de objetos e se vendem e valorizam apenas peças únicas, separadas de uma gramática ou sintaxe decorativa. Por causa disso, talvez falte hoje na Itália um projeto de referência dos diversos ambientes domésticos. Um projeto que talvez fosse oportuno trazer ao parque industrial e oferecer, juntamente com a qualidade e a variedade já consolidadas do nosso catálogo de peças, que em conjunto representa um rico prontuário de *hardware*, também um outro catálogo, o de ambientes, representando uma proposta nossa original e criativa de *software*. Um projeto de *software* que sujeite as peças, procurando ilustrar e definir seu papel no interior dos diversos espaços da casa, propondo-lhes uma organização flexível e que, em harmonia com o ecletismo nacional e com o objetivo ambicioso de fazer conviver os nossos produtos com os habituais de todos os países do mundo, exclua a presunção de impor um modo de decorar, uma vez para sempre e para todos.

:: :: ::

Pois assim vão as coisas em um país como a Itália, possuidor de uma pequena e subalterna "História". Uma pequena história marginal com respeito àquela bem mais importante, uma história construída como mosaico, que se pode ler colocando lado a lado tantas pedras, cada uma delas contando fragmentos e eventos bélicos que se desenrolaram quase sempre sob o fundo constituído pelo maravilhoso afresco da nossa celebrada e ainda frequentada "Geografia". Mas ainda que se trate de uma verdade desagradável, que nenhum livro de história nunca quis nos contar, a nossa permanece, de qualquer modo, uma pequena história, embora a nossa geografia apareça como uma grande geografia. Pois a nossa história se converte verdadeiramente em "nossa" apenas a partir do momento em que nos tornamos nós mesmos, coisa que somente se realizou com o alcance da unidade política e territorial, que agora requer ser completada, um pouco a cada vez, ano após ano, nas pequenas e nas grandes coisas.

As marcas da nossa falta total de modelos de referência autóctones se mostram em todos os lugares. Bastaria olhar o modo como nos vestimos ou como nos comportamos em grupo; os alemães ou os ingleses parecem sempre extremamente homogêneos, todos iguais, todos vestidos do mesmo modo; os italianos, ao contrário, são reconhecidíssimos porque estão todos igualmente vestidos de maneira diferente um do outro; exagerando, se poderia dizer que com cinquenta alemães se constitui um grupo homogêneo de cinquenta pessoas, enquanto com cinquenta italianos é como ter cinquenta grupos diferentes, cada um deles constituído por uma pessoa.

Voltando ao mobiliário e à decoração, a Itália, ao contrário dos países dominantes de antiga tradição, não possuía, no momento da conquista da própria independência nacional, mobiliário e decoração originais para a demanda da nova burguesia no poder. Aqueles que as classes mais abastadas exibiam eram às vezes originais, mas com frequência imitações deste ou daquele estilo, testemunhos da passagem fugaz de um poderoso, acompanhado por seu exército, ou da antiga e enraizada submissão a este ou àquele país dominante.

De outro lado, era evidente e sentia-se a exigência das novas elites burguesas emergentes, sobretudo no norte do país, em dotar-se de uma identidade própria, também no mobiliário, para afirmar a nova soberania nacional e seu próprio sucesso pessoal. Daí a necessidade de se empenhar na criação e na produção de todos aqueles objetos e bens, que proveem e adornam o panorama cotidiano para se conseguir uma paisagem doméstica autônoma e original em móveis, iluminação, enfeites e objetos.

Essa exigência fez-se mais notável nos anos posteriores ao fim da Segunda Guerra Mundial e encontrou em Milão o epicentro natural para o seu desenvolvimento necessário. Sabe-se que sempre existiu em nosso país uma capacidade fabril difusa, assim como é sabido que a nossa indústria não tinha, e ainda hoje não possui grande dimensão, e menos do que nunca a de móveis. Condições essas que, todas juntas, determinaram a formação de um *melting pot* ideal para aquele surpreendente desenvolvimento, fruto de vivacidade criativa e coragem empresarial, o que levou o design italiano de móveis, lâmpadas e outros objetos de decoração a um excepcional reconhecimento internacional, em virtude da qualidade de produtos e, consequentemente, para a medida do valor da produção e da exportação. A história é recente e já foi contada. Podemos recordar de passagem como, logo após os primeiros anos do pós-guerra, cuidadas as feridas e recolhido aquilo que havia restado de utilizável, iniciou-se, com epicentro em Brianza estrategicamente colocada a poucos quilômetros da grande Milão, a fantástica e aventurosa história do móvel e da decoração italiana e de suas sempre estreitas relações com o nascente design. É então que o design se aproxima do setor, graças ao dinamismo e à intuição de um genial animador cultural como Dino Gavina para projetos de alguns protodesigners, como os irmãos Castiglioni, ao intuito visionário de alguns empreendedores corajosos, como Cesare Cassina e Gino Sarfatti. Personagens absolutamente excepcionais que, em conjunto com alguns poucos mais, souberam ousar, apostando no design em um tempo no qual o próprio termo era muito pouco usado. A eles se deve reconhecer o mérito de conseguirem, na nascente disciplina, realizar o salto entre o dizer e o fazer, transferindo o debate intelectual e a pesquisa aplicada do mundo abstrato das revistas e das escolas experimentais para o terreno concreto da produção e, dessa maneira, levando o design a medir-se no campo aberto do mercado internacional.

Ao fim da Segunda Guerra Mundial, alguns empreendedores italianos enxertaram corajosamente um caráter empresarial original e inovador na linhagem constituída pelo grande patrimônio de reflexão, de catalogação e de pesquisa, desenvolvido pela Bauhaus e continuado pela Hoschule für Gestaltung, de Ulm. Com a mediação intelectual e a colaboração criativa de uma geração inteira de arquitetos "milaneses", esses aqui constituíram seu primeiro catálogo, no interior do qual se encontraram numerosos filhos adotivos e outros nascidos de embriões estrangeiros: produtos concebidos *in vitro*, em Milão, e depois fecundados no território de Brianza.

Que não fique esquecido o papel desenvolvido por alguns mestres como Ponti, Terragni, Gardella, Albini, Caccia Dominioni e, mais recentemente, Scarpa pai, Zanuso, Mari e Magistretti, graças aos quais a Itália não permaneceu completamente excluída do debate intelectual e experimental europeu e internacional, iniciado entre as duas guerras e continuado no pós-guerra até os finais dos anos de 1950.

Enquanto Brianza se tornava o verdadeiro terreno de fecundação do fenômeno nascente, Milão funcionava como caldo cultural, fornecendo os quadros intelectuais necessários para dar espessura e credibilidade às iniciativas, permitindo assim a decolagem empresarial, mantida e garantida por um sólido território econômico, capaz de fornecer as contribuições organizativas e financeiras para a comunicação e a promoção de móveis, cadeiras, poltronas, divãs, lâmpadas e outros objetos.

Por outro lado, nos anos de 1950 e 1960, em Milão, a vida era dura e difícil, mesmo para os arquitetos, em virtude da estratégia de reconstrução do país posta em prática pelo governo democrata-cristão, que, tolerando a ausência sistemática de planos regulatórios, tanto nos pequenos centros quanto nas grandes cidades, dava livre curso ao "trabalho vil" de topógrafos e construtores* que deixavam poucas funções aos arquitetos e pouco espaço aos empreendedores, que não estivessem dispostos a levar os limites de risco do empreendimento para além da legalidade.

Era preciso produzir com engenho e se o fez com excepcional empenho, conseguindo-se, apesar de tudo, oferecer dignidade àquilo que representou para muitos arquitetos nada além de um *escamotage*, ditado pelo estado de necessidade, foi devido à quase absoluta falta de oportunidade de trabalho.

---

* No original, "palazzinari", termo com que se indicam empresários da construção civil que não seguem de modo correto especificações ou regulamentações técnicas nem critérios estéticos, e ainda se utilizam de mão de obra barata e pouco qualificada (N. da T.).

De forma que, se não havia espaço para exercer o ofício de arquiteto ou urbanista, inventou-se uma nova profissão, a de designer. E para também dar ao novo ofício um suporte cultural adequado, de pesquisa e reflexão, nossos arquitetos, reciclados como designers, souberam, juntamente com alguns empresários corajosos, olhar inteligentemente os arquivos históricos, inspirando-se frequentemente nas experiências feitas em outros lugares por designers e produtores estrangeiros, talvez entretidos ou empenhados naqueles anos em outras aventuras mais interessantes e lucrativas, profissionais ou empresariais; mas souberam também, e sobretudo, liberar a própria fantasia, mostrando ser capazes de grande criatividade.

A rápida definição de um código estilístico nacional, original e reconhecível, permitiu renovar completamente a paisagem do mobiliário e de outros objetos destinados à decoração dos espaços domésticos e coletivos. Durante todos aqueles anos, a colaboração entre empresas produtoras e designers continuou e ainda continua a crescer; paralelamente, cresceu o emprego do designer também em outros pontos de articulação que levam ao mercado, mesmo no interior das estruturas que produzem comunicação e das que se ocupam da distribuição e do marketing. A relação entre empresa e designer tende a dilatar-se e a ocupar maiores espaços, abrindo sempre mais portas de empresas criativas e consolidando uma relação que, já tendo provado conduzir ao sucesso, adquire uma crescente visibilidade.

Aquilo que ocorreu no setor do mobiliário na Itália tem uma importância que transcende a dimensão do próprio setor, enquanto representa um exemplo emblemático de como o design pode ser utilizado, na qualidade de instrumento, para resgatar a produção de um setor produtivo, liberando-a para a criatividade e subtraindo-a à vulgaridade e à feiura. Mesmo se a produção de objetos de mau gosto prospera, sob a defesa de uma hipotética predileção do consumo, de uma presumida necessidade industrial, ou ainda de uma exigência imprescindível de ordem técnica, é sempre com o aval cúmplice do gerente ou do empresário que deveriam aprender a olhar o design com mais inteligência e atenção.

2. Méritos e Limites do Luxo

> *O luxo contribuiu para o nascimento*
> *do capitalismo moderno*
> *segundo diferentes modalidades.*
>
> WERNER SOMBART

Refletindo sobre quais foram as origens do consumismo moderno, Colin Campbell observa que

a difusão geral das atividades ligadas ao tempo livre, entre as quais a leitura de romances, juntamente com a chegada da moda e do amor romântico, podem ser consideradas todas elas componentes de um complexo de fenômenos culturais que se manifestaram na Inglaterra do século XVIII e que, de uma maneira ainda não muito clara, estiveram coligadas à assim chamada revolução dos costumes[1].

Em sua investigação sobre a hipótese de que exista uma relação entre o nascimento do romantismo e o do consumo, Campbell volta a esse conceito tantas vezes retomado:

É preciso dar-se conta de que os consumidores procuram não tanto a satisfação de produtos, quanto o prazer de experiências autoilusórias, que constroem sobre a base de significados atribuídos àqueles produtos. A atividade fundamental do consumo é assim não a escolha, a aquisição, o uso dos produtos, mas a procura do prazer imaginativo que se presta à imagem do produto, dado que o verdadeiro consumo é, em grande medida, o resultado desse hedonismo 'mental' [...]. O ciclo

---

1 *L'etica romantica e lo spirito del consumismo moderno.*

desejo-aquisição-uso-desilusão-novo desejo é uma característica geral do hedonismo moderno [...]. Lutando para encontrar um equilíbrio entre necessidade e prazer, e procurando ao mesmo tempo reconciliar o eu boêmio e o eu burguês, o homem moderno habita não a "jaula de ferro" da necessidade econômica, mas um castelo de sonho romântico, esforçando-se com seu comportamento em transformar a primeira na segunda [...]. Mas essa ética do consumo deve lutar muito para conseguir afirmar-se, por causa da forte oposição moral proveniente de largos estratos da sociedade e das instituições políticas e, sobretudo, religiosas. Ainda em 1724, em sua primeira aparição, a *Fábula das Abelhas*, de Mandeville, recebia uma acolhida fortemente hostil, tachada de ser obra imoral e pecaminosa [...]. A concessão ao consumo de luxo encontrava legitimação em uma "ética burguesa de consumo", que em certo momento introduziu a difusão de um estilo de vida reservado à aristocracia nas camadas mais baixas do corpo social.[2]

Com efeito, já no último decênio do século XVII, em muitos escritos de economia se trabalha com afinco e começa a ganhar terreno a tese segundo a qual "o homem é um animal consumista, dotado de apetite insaciável, capaz de induzir a novos níveis de prosperidade"[3].

No início do século XVIII, Bernard Mandeville retoma, difunde e promove a legitimação ética do consumo e do luxo, com o intuito declarado de abrir a porta à nascente economia de mercado. O seu trabalho favorece o reconhecimento do direito de qualquer indivíduo ao consumo e traz à luz os benéficos efeitos do luxo, indicando seus reflexos positivos sobre a economia e, indiretamente, sobre o bem-estar geral. "O luxo pode arruinar um indivíduo privado e sua família, mas justamente por isso pode enriquecer um Estado bem administrado, alimentando a arte e a indústria, dando trabalho aos 'milhões de pobres' que formam o corpo e a potência de uma grande nação."[4]

Trata-se de uma verdadeira reviravolta a respeito dessa visão bastante negativa do luxo que prevalecia naquele tempo, uma visão fortemente marcada pelas consequências de uma reflexão filosófica do tipo moral, condicionada pela religião, seja católica ou protestante, como daquela desenvolvida por

2 Ibidem.
3 N. McKendrick; J. Brewer; J.H. Plumb, *The Birth of Consumer Society: The Commercialization of Eighteenth Century England*.
4 B. Mandeville, *La favola dele api*.

Jean-Jacques Rousseau, segundo o qual "ou o luxo é efeito das riquezas ou o torna necessário; corrompe ao mesmo tempo o rico e o pobre; um com a posse, outro com a cupidez; vende a pátria às fraquezas, à vaidade; tolhe do Estado todos os seus cidadãos para submetê-los uns aos outros e todos à opinião"[5].

Este tipo de visão enraíza-se profundamente até se tornar convicção comum e difusa, tanto é que a definição de luxo que ainda hoje se encontra em qualquer vocabulário da língua italiana é aquela de "excesso" ou de "exibição de riqueza, fausto, superfluidade", todas definições que, sempre e seja como for, implicam e subentendem um juízo moral severo e nada oculto.

Propondo uma leitura mais atenta dos efeitos econômicos sobre a coletividade do que sobre as consequências morais subjetivas, a tomada de posição de Mandeville afirma-se como fortemente anticonformista, fundamentando-se sobre a tese de que o egoísmo e as paixões do homem constituem, paradoxalmente, a mola principal do progresso e do bem-estar, pois os "vícios privados, conduzidos pela prudente administração de um político hábil, podem converter-se em benefícios públicos".

Dois séculos mais tarde, no início do XX, a tarefa de reabilitar o luxo, explicando sua importância para o desenvolvimento econômico e subtraindo-o aos falsos moralismos é o assunto de Werner Sombart, economista clássico alemão de comportamento heterodoxo, o que lhe custou a desclassificação para simples sociólogo por parte de seus colegas, paladinos da ortodoxia. Ao indagar sobre os nexos imprevisíveis entre economia capitalista e cultura do luxo, afirma Sombart que "o luxo [...] filho legítimo do amor ilegítimo, torna-se o pai do capitalismo"[6]. Afirmação que se poderia parafrasear dizendo que o design, filho legítimo do amor ilegítimo de numerosos arquitetos pelos móveis, torna-se o pai do mobiliário e da decoração italianas.

Sombart, que aponta no luxo "o elemento que em grande parte foi responsável pelo desenvolvimento capitalista, até o fim da época do primeiro capitalismo", julga provável, além do mais, que a data de nascimento do capitalismo econômico seja anterior ao nascimento da indústria, pois comportamentos e técnicas típicas do capitalismo já se encontram nos modos

5 *Il contratto sociale*.
6 *Lusso e capitalismo*.

pelos quais vinha sendo conduzido o tráfico de mercadorias das grandes empresas comerciais que, como Sombart não cansa de pôr em relevo, devem seu desenvolvimento e potência comercial e financeira, sobretudo, ao comércio de produtos de luxo.

Esse rico comércio dizia respeito principalmente a uma vasta gama de artigos que se produziam na Itália ou que, de alguma maneira, transitavam por ela, proveniente do Oriente, para servir à demanda de luxo dos habitantes mais ricos das maiores cidades europeias: medicamentos usados até mesmo como especiarias na comida, tal como a *aloe vera*, o bálsamo, o láudano, o gengibre, o açafrão, o ruibarbo, o sândalo; e as verdadeiras especiarias, como a pimenta, a noz moscada, o cravo da índia, a canela, o açúcar; e perfumes, o incenso, o âmbar, o sândalo, o almíscar; os colorantes, alúmen, a ruiva ou granza, o carmim, a laca, o anil; matérias primas para tecer, como a seda e o linho egípcio, de qualidade superior; objetos ornamentais, como pedras preciosas, corais, pérolas, marfim, fios de ouro e de prata; e tecidos preciosos, como sedas e brocados, veludo, linho, lã e algodões muito finos, o bocassim e o *cammellotto*.

Que se recorde ainda a florida atividade comercial originada ao redor de uma outra mercadoria de luxo, por certo não a última por sua relevância econômica e social, constituída pelos escravos, que por séculos representaram o bem-serviço por excelência. E em torno do qual prosperou um mercado criminoso lucrativo, mais conhecido como "exportação de escravos", do qual muitos participaram, exercendo um papel diferente e específico. Na primeira fila, para satisfazer a demanda das plantações americanas de algodão, café e de outras matérias-primas, encontram-se quase sempre, como financistas, mercadores judeus, venezianos, genoveses, gregos ou cipriotas e, a seu serviço, navegadores portugueses, franceses e ingleses, encarregados dos transportes. Os trabalhos sujos de apresamento no interior do continente africano e de estocagem da "mercadoria" nos centros de recolhimento e distribuição eram confiados à cumplicidade de uma mão de obra operosa e desleal, sobretudo árabe, auxiliada por elementos do pior resíduo local.

Tudo com a permissão e o aval abençoado da Igreja, que se atribuía diretamente o encargo da transformação da mercadoria em doces-pobres-negros-religiosos-e-obedientes, mediante aquele processo de domesticação catequístico que tornava mais eficaz e segura a exploração.

Esse mercado se prolongou ininterruptamente por centenas de anos até 1865, quando, ao menos oficialmente, os Estados Unidos abandonaram a escravidão.

Deve-se notar, entretanto, como observa Campbell, que a atenção pelos produtos de luxo não permanece como prerrogativa exclusiva da atividade mercantil, enquanto "contrariamente à opinião corrente, as indústrias manufatureiras, que além do mais estão ligadas ao início da Revolução Industrial, eram as que produziam bens de consumo e não instrumentais, e entre aquelas prevaleciam as que fabricavam objetos de luxo"[7].

Resulta assim abundantemente provado que é graças ao desenvolvimento do comércio, a partir de 1300-1400, com as especiarias e as sedas, que se afirma e se consolida o primeiro capitalismo mercantil; assim como resulta evidente que é ainda sob o estímulo dos bens de luxo, de sua crescente afluência e de sua fascinante e invasiva influência que se desenvolve e se transforma toda a atividade do comércio de varejo. Retirando informes das crônicas parisienses de Mercier (*Tableaux de Paris*, 1783-1787), Sombart relata o grande sucesso da Petit Dunkerque, a primeira loja parisiense a praticar "preços fixos", um lugar de moda e na moda, onde Voltaire, disposto a dar-se um cumprimento, se compraz em fazer uma analogia entre os reluzentes objetos de luxo expostos e seu cintilante estilo literário. Justamente em lojas de luxo como essa teve início a relação objetiva entre comerciante e cliente, que caracteriza todo o sucessivo desenvolvimento do mercado capitalista.

Na época, houve uma reorganização do comércio de varejo, que tendeu a diferenciá-lo cada vez mais do comércio de atacado pela decoração e o mobiliário, usados para embelezar as lojas; mas também pela transformação de numerosíssimos empórios de gêneros de primeira necessidade em lojas de maior especialização.

A importação das mercadorias de luxo deu apenas o impulso inicial àquela transformação, que viu todas as lojas se reestruturarem e se redimensionarem, já que a mudança se

---

7 Op. cit.

impôs como necessária e urgente, em vista da ameaça prepotente e revolucionária de uma verdadeira onda de abundância, provocada pela chegada ao mercado dos produtos manufaturados e oficinas da nascente Revolução Industrial.

Dessa transformação do comércio, mas também dos costumes e do consumo, nos dá conta Walter Benjamin em seu trabalho inacabado, organizado como um mosaico monumental de dados, testemunhos e reflexões, tendo como epicentro Paris: "É do fim da Restauração que datam as primeiras revistas de novidades: *Les Vêpres Siciliennes, Le Solitaire, La Fille mal Gardée, Le Soldat Laboureur, Les Deux Magots, Le Petit Saint--Thomas, Le Gagne-Dernier*."[8]

A transformação das estruturas comerciais e distributivas assinala uma mudança verdadeiramente epocal, porque, com efeito, "a subversão que andava sob o nome Revolução Industrial tinha como eixo uma revolução no consumo, para além daquela da produção"[9].

À revolução produtiva corresponde, portanto, uma revolução contemporânea do consumo e ambas não poderiam realizar-se harmonicamente sem uma revolução do sistema distributivo, vale dizer, sem uma profunda transformação da forma e da qualidade das lojas e dos afazeres comerciais de todo tipo. E é então que o comerciante de sedas, brocados e de outros tecidos de luxo se transforma em um comerciante de trajes confeccionados, com a ajuda de um novo pessoal de alfaiataria; de maneira análoga, o tapeceiro, além do revestimento de divãs, poltronas e *dormeuses*, desenvolve a própria atividade com a introdução de móveis e de artigos de mobiliário, entre os quais "encontram-se mesas, cômodas, peças de ebanisteria, espelhos, candelabros etc, além, naturalmente, de camas, almofadas, cortinados e tapeçarias"[10].

Ainda é Sombart quem sublinha que "a extrema importância do comércio de luxo também emerge do fato de que só existiam sociedades de negócios no caso dos comerciantes de sedas e tecidos, ourives e banqueiros" e ressalta que "a natureza

---

8 L. Dubech; P. d'Espezel, *Histoire de Paris*, apud W. Benjamin, *I Passages di Parigi*.
9 C. Campbell, op. cit.
10 W. Sombart, op. cit.

das mercadorias (de luxo) empurram para a organização capitalista: são aquelas de maior valor, as primeiras a entrar no comércio de grande quantidade". Resulta evidente o quanto esta análise do luxo é profundamente diferente da reflexão metodológica em torno da gênese do capitalismo moderno, desenvolvida por Max Weber, fundada sobre a hipótese de que a racionalidade seja um instrumento de Deus para a obtenção dos fins do homem sobre a Terra, assim como o trabalho e a fé seriam sempre instrumentos do Senhor[11]. A análise weberiana desconfia profundamente de qualquer símbolo ou sinal de prazer, exprimindo um severo juízo sobre todas as formas de ostentação da riqueza e, em particular, do luxo, considerado eticamente reprovável e economicamente sem influências.

É interessante e curioso notar como a ética weberiana é assinalada por Sombart, de uma maneira ao mesmo tempo provocante e discutível, como nada mais do que uma "hipótese espirituosa".

∷ ∷ ∷

Uma hipótese espirituosa que induz a refletir, pensando-se que coisa poderia acontecer fora de uma pesquisa empenhada em indagar sobre as relações que o espírito há muito mantém com o luxo, no interior do espaço histórico e geográfico ocupado ecumenicamente pela Igreja de Roma nos últimos séculos; relações que teriam podido determinar um destino bastante diferente da valoração do luxo, talvez legitimando-o como atributo sagrado da espiritualidade do catolicismo.

Ao contrário, e de modo paradoxal, é justamente pelo ostracismo militante e declarado da moral católica – aquela moral que frequentemente recobriu-se e ainda se cobre com um fausto luxuoso – que o luxo foi marcado como um corruptor perigoso dos valores que devem guiar um bom cristão e, consequentemente, posto no *index* como valor negativo, quase pecaminoso. Por causa desse julgamento moral negativo, o luxo foi relegado oficialmente a uma posição limite e sepultado sob um injusto complexo de culpa, não obstante sua importância econômica como motor dos comércios e das trocas. Essa

11 Cf. *L'etica protestante e lo spirito del capitalismo*.

condenação parece quase testemunhar a *mauvaise conscience* que por séculos inspirou e animou as relações e as posturas oficiais da sociedade ocidental perante todas as manifestações do luxo; essa má consciência que terminou por marginalizá-lo, impelindo-o para longe, para as antípodas da ética e à margem da economia. De maneira que a ideia de luxo que foi deixada como herança está incrustrada de preconceitos seculares, profundamente enraizados e cristalizados em todos nós.

Negligenciando a importância que o sagrado teve no desenvolvimento do luxo, Sombart concentra-se, ao contrário, nas relações que ele teve com o profano, a ponto de atribuir à cortesã, que considera como a rainha da vida profana, o papel chave de embaixatriz do luxo e de sua primeira e mais autêntica promotora.

E é justamente a cortesã a figura central que pôs em marcha o processo de afirmação e de mitificação do luxo, o que favoreceu sua difusão até o ponto de fazê-lo converter-se em fator fundamental e propulsivo da economia, de início a mercantil e, posteriormente, a industrial.

O início da oficialização e revalorização social da cortesã se registra na França, onde, durante o reinado de Luís XIV, e no interior de uma burguesia propensa à imitação dos modelos de vida aristocrática e de corte, a partir do momento em que a própria corte legitima a presença e o papel da "favorita" do rei; se abrem e repentinamente se confiam à mulher possibilidades inesperadas de transformação dos costumes e das relações sociais.

É preciso recordar que, de maneira crescente no curso dos séculos, provavelmente por causa da herança medieval e de sua matriz cultural religiosa, fortemente repressiva, o amor consumado fora do matrimônio havia assumido conotação cada vez mais pecaminosa, tornando-se objeto depravado de punições severas, enquanto o amor lícito, o conjugal, resultava envilecido e mortificado por um moralismo estendido e imperioso, privando-o de qualquer direito ao prazer, reduzindo-o a um cumprimento coativo, a um dever imposto pela seriedade institucional do matrimônio e de sua obrigação reprodutiva.

Com a afirmação e o reconhecimento de sua legitimidade, e com a emergência das sombras e do abrigo da alcova, sob a luz da corte, a cortesã se propõe como modelo de um novo estilo de vida; um modelo que ela constrói pervicaz e corajosamente ao seu redor, em evidente e polêmica ruptura com a oficialidade reacionária, bem pensante e beata da sociedade do tempo.

A ela se deve, antes de tudo, a recuperação da perdida naturalidade das relações amorosas, uma conquista que rapidamente se propaga do soberano ao nobre e deste ao burguês e ao populacho. Trata-se de uma verdadeira revolução pacífica dos costumes, que se desenvolve primeiramente por intermédio da tolerância e, depois, pela aceitação explícita, até chegar-se ao reconhecimento e à institucionalização do papel da amante. Realiza-se assim uma conquista que restitui à mulher, mas também ao homem, o direito ao prazer amoroso, mas que, além disso, reconsidera e enriquece o valor e o significado da vida do casal, trazendo novo oxigênio à renovação e ao relançamento dos valores sociais da vida familiar. Com a cortesã nasce e se legitima um novo personagem e um novo papel social, que logo se converte em *status symbol*, inicialmente para o aristocrata, depois para o burguês que o quer imitar. Mas se torna também, logo e paradoxalmente, um modelo para as mulheres traídas, as quais, mortificadas e com frequência engaioladas, apesar das angústias do papel familiar, que no começo olham a cortesã com inveja e, depois, gradualmente, começam a imitá-la na sociedade, nos bailes, nas festas, nos teatros, nas ruas.

Para suas favoritas, os reis construíam casas de campo e palácios que, de vez em quando, pareciam verdadeiramente régias; o mesmo fazem os nobres e burgueses em uma incansável corrida e emulação de luxo e até mesmo de desperdício. Pois é próprio do luxo as estas mansões sejam mobiliadas e decoradas e com isso se afirma e se assenta o novo domínio da mulher, pois é quase sempre a cortesã quem dita, ou ao menos condiciona fortemente, as escolhas e as regras que presidem à construção do edifício, às suas ornamentações interna e externa e ao mobiliário, revolucionando e liberando a criatividade de novos arquitetos, artistas e artesãos de técnicas diversas.

Todas as criações da arte e do artesanato refletem, de fato, a vitória da mulher: das colunatas ornamentais às almofadas, dos leitos em seda celeste com baldaquinos de tule branco às combinações azuis, às meias de seda cinza, às roupas de cetim, aos roupões com plumas de cisne, às plumas de avestruz e rendas do Brabante: enfim, em tudo aquilo que Muther – este incomparável retratista do rococó – compôs em uma espécie de "sinfonia da sala de visitas" [...] Estreitamente associada à tendência de fazer o luxo apreciável aos sentidos é a do refinamento. Refinamento significa aumentar a parte de trabalho vivo necessário à produção do objeto.[12]

A mulher se coloca, portanto, prepotentemente no centro dessa transformação da qual ela mesma é o motor. É a ela que se deve a objetivação do luxo, a passagem de um luxo apenas improdutivo para um luxo igualmente produtivo. Isso ocorre no momento em que os ditames do novo luxo exigem não se limitar apenas à organização de eventos, como bailes e festas, para os quais se produziam e se preparavam grandes e custosas arquiteturas ornamentadas com obras de arte, que davam trabalho a uma multidão de artesãos e artistas, mas que eram efêmeros, inadequados para garantir uma produção continuada de tecidos, roupas, joias, tapetes e peças de tapeçaria, móveis e outros acessórios de decoração, objetos de uso em porcelana e prata, carruagens e outras coisas mais.

Essa revolução do consumo estimula e sustenta o desenvolvimento daquela outra produtiva, de modo que, graças às novas possibilidades oferecidas pelas novas fábricas, se realiza a passagem da arte para a arte aplicada. Com o advento de uma nova tipologia de mercadorias, caracterizada pelo fato de representar A obra de arte na época de sua reprodutibilidade técnica, abre-se a porta à rápida multiplicação da arte aplicada, enxertando um processo de transformação que conduzirá à explosão da modernidade e que, com a consolidação da Revolução Industrial, permitirá a difusão de enormes quantidades daquelas mercadorias que, quando fabricadas apenas artesanalmente, eram, por força, destinadas ao privilégio de poucos[13].

Gradualmente, graças ao crescente reconhecimento do papel estratégico do design também no processo de produção industrial, os produtos se enriqueceram, incorporando qualidade tecnológica e de serviço, e não apenas formal, de maneira a pôr em circulação uma quantidade sempre maior de "fragmentos de estética", capazes de modificar nas pessoas a percepção, o julgamento e os cânones de referência ao belo. Coisa que, além de aumentar a satisfação com relação às mercadorias, favorece

---

12 W. Sombart, op. cit.
13 Cf. W. Benjamin, *L'opera d'arte nell'epoca della sua riproducibilità tecnica*.

sua aceitação e consequente penetração no mercado, tornando possível uma mais vasta difusão do belo que, enquanto a estética se comunicava total e exclusivamente por meio da arte, estava destinado a permanecer um luxo limitado a poucos.

Hoje, este fenomenal processo de crescimento parece ter-se detido sob o peso e os golpes do excesso de contradições não resolvidas de tipo geoeconômico e geopolítico, causadas pela obtusa obstinação do Ocidente em defender seus próprios privilégios; obstinação que, perturbando os mercados, está minando nas bases o equilíbrio das relações internacionais, sobre as quais se rege todo o sistema. Pergunta Sombart:

> Mas que coisa estimula o homem a criar coisas tão esplêndidas? Não é preciso pensar muito a respeito: a casa em que vivia a sociedade aristocrática no *Ancien Régime* é o ninho que a mulher, com empenho e reflexão, construiu para que a ela o homem se unissem, como de fato demonstra com toda a clareza a história do mobiliário e da decoração para a casa. Quando se falava de erotismo na época dos *Minnesänger*, onde teria sido possível desenvolver-se a vida amorosa? Quando muito nos bosques. Os castelos, de fato, não eram o local certo para se celebrar o idílio pastoril. Em todo caso, entendia-se por "vida amorosa" alguma coisa completamente diferente daquilo pela qual hoje se entende. Gótico e erótico rimam, mas não se adaptam um ao outro. Não: mesmo nesse caso o Renascimento criou, pela primeira vez, as condições exteriores para uma conduta de vida organizada sobre novas bases. Aquilo que hoje nós consideramos um mobiliário doméstico elegante ou cômodo foi criado na Itália durante os séculos XV e XVI. Durante o Renascimento, que por sua natureza adaptou-se melhor às necessidades da vida cotidiana do que o estilo gótico, apareceram em uso camas macias, flexíveis, em conjunto com ricos tapetes para os pavimentos, e objetos de toalete de cuja existência estamos informados especialmente pelos romancistas da época. Da quantidade e da graça das roupas íntimas se deveria discutir com mais frequência e particularizadamente. Obra da mulher, ou melhor, da cortesã! [...] Talvez a primeira habitação em sentido moderno, na qual se interpenetravam, em medidas iguais, o sentido artístico e a comodidade, foi a Farnesina, a vila que o rico financista Agostino Chigi fez construir para sua amante, a bela veneziana Morosina.[14]

Entre os séculos XVII e XVIII, liberando-se o espírito romântico e se legitimando o transporte de amor, assentam-se as premissas para uma transformação social que leva à liberação

---

14 Op. cit.

definitiva dos elos e dos pequenos vínculos com os quais a sociedade permanecera refreada durante séculos. E é curioso observar como essa nova sociedade se abre para a modernidade graças à curiosidade intelectual que o romantismo instila nas mulheres inglesas (Campbell) e ao desabuso da mulher parisiense que consegue transformar o prazer do amor no amor pelo prazer (Sombart).

Com a nova liberdade se afirmando e entrando em circulação novos comportamentos e valores individuais e sociais, e um estilo de vida mais livre procura também legitimar-se por meio da comunicação que, em boa parte, se entrega a signos ostensivos de luxo, os quais rapidamente se renovam para adequar-se a um objetivo, fermentando uma nova e crescente procura. Uma procura que, provindo das classes mais ricas, permite margens relevantes de ganho e, com ele, uma rápida e excepcional acumulação de capital financeiro.

∷ ∷ ∷

E é próprio dessa poderosa acumulação de meios permitir, em certo ponto, a decolagem dos investimentos colossais que são necessários ao desenvolvimento da pesquisa e da produção industriais, provocando efeitos benéficos sobre a inovação, sobretudo a tecnológica e de processo, e mais tarde, com a abertura ao design, também sobre a criatividade.

A estreita relação entre luxo e inovação reenvia àquela mais estreita ainda entre inovação e design, propondo assim uma tríplice ligação possível entre design, luxo e inovação. Uma união cujos efeitos possíveis sobre a difusão do consumo seriam aprofundados, procurando não cair nos riscos inerentes a qualquer possível silogismo, mesmo que fascinante, para confrontar-se, ao contrário, com a hipótese incluída e escondida nesse triângulo virtuoso, que está conduzindo ao projeto, ao mesmo tempo utópico e ineludível, da "socialização do luxo"[15]. Um projeto que avança empurrado pelo desenvolvimento tecnológico e pela força fascinante e contraditória que emana de qualquer oximoro. Um projeto que se ligou a um processo

---

15 Cf. G. Alvi, *Il secolo americano*.

que parece ter decididamente obtido vantagem, decretando a queda de todas as utopias e de todas as ideologias, varridas por um consumismo tanto vencedor quanto execrável, porque tende a expandir-se sem respeitar qualquer limite, à sombra de uma inaceitável e insustentável "ideologia" que, após haver derrotado, ao menos até o momento, todos os "ismos" que encontrou, não parece conhecer nem aceitar confins ao próprio extrapoder, homogêneo e universal.

Uma ideologia privada de pensamento filosófico, religioso ou ideológico, filha bastarda e prosaica do capitalismo sempre mais míope e arrogante, que parece agora embriagado pela própria força financeira e econômica, graças à qual tem sido capaz de abalar e destruir até aqueles muros que as diplomacias e os exércitos não haviam conseguido arranhar. Uma ideologia que, embora movida exclusivamente por interesses cinicamente econômicos e especulativos, recebe o mérito não perseguido de acabar com todas as falsas homogeneidades e com todas as diferenças ainda mais falsas, mostrando que todos os homens são movidos fundamentalmente pelos mesmos desejos e como por esses desejos são fortemente guiados e condicionados na formulação de seus projetos terrenos. Essa ideologia, a do consumismo, que se obriga a rever qualquer posição anterior, uivando através de mil exemplos que o desejo de possuir uma lavadora de louça ou um automóvel é muito mais forte do que aquele que deveria nos induzir a lutar e sofrer por uma ideologia ou uma religião. Objetivos que requerem renúncia e sacrifícios, estimulando a procura de um mundo melhor, mais justo e equânime, mas só alcançável por meio de riscos e cansaços, ou diretamente depois da morte.

O consumismo continua a fazer prosélitos, a despeito de sua embaraçante vulgaridade, empurrado pelo vento impetuoso dos desejos insatisfeitos de milhões de indivíduos sem rosto que lutam para ser admitidos na participação de seus ritos, esperançosos de poder encontrar algum equilíbrio e uma identidade, sem dar-se conta de, ao contrário, acabar provavelmente em uma rua sem saída.

Uma rua na qual estamos todos perdidos, imersos em um verdadeiro *impasse**, na sequência daquela decadente ideologia

---

*   O autor usa aqui a palavra francesa, que indica um beco sem saída (N. da T.).

burguesa, fundada sobre a confiança no destino humano e no progresso, e sobre a presunção errada de que exista a possibilidade de um crescimento contínuo, inestancável, alimentando-se da ética cínica de um projeto implosivo, que talvez esteja fugindo a qualquer controle, pessoal ou coletivo.

Às ilusões do consumismo se pode responder, em minha opinião, do interior do sistema, considerando a capacidade de crescimento de um indivíduo, que seria, no entanto, ajudado a desenvolver-se de simples consumidor manipulado a um hedonista virtuoso, quer dizer, a um consumidor capaz de formular com independência seu próprio projeto de consumo. Se essa resposta interna falir, então deveremos suportar as desordens que serão causadas pela resposta ao consumismo que chegarão do exterior, reagindo e contestando a ética e a legitimidade do sistema, e chamando as pessoas a rebelar-se e a formular desejos mais elevados e mais abstratos do que um telefone celular, um automóvel ou uma geladeira. Incitando-o a lutar, por exemplo, por uma sociedade diferente e mais justa na Terra ou no paraíso que nos espera no céu, com tantas mulheres belíssimas como prêmio pela nossa recusa dos bens terrenos e pelo sacrifício da vida em função do nobre objetivo de afirmar, com o exemplo, o grande valor religioso e político dessa recusa.

Em suma, é claro que existem desejos diversos e que o livre mercado oferece a possibilidade de adquirir uma quantidade crescente de bens, destinados a satisfazer o prazer material de qualquer um, mas não é capaz de oferecer respostas a desejos mais elevados, como aqueles de igualdade ou de justiça, nos quais se escondem o desejo e a esperança de felicidade das pessoas.

No grande jogo, individual e coletivo, da procura pela felicidade, o capitalismo apostou tudo nas mercadorias e as elevou à categoria de portadoras de fragmentos de prazer, tendo atribuído ao prazer a tarefa de funcionar como sucedâneo profano da felicidade. Mercadorias, portanto, como veículos de prazer e prazer como sucedâneo da esperança de poder ser feliz. Mas, sobretudo nos lugares onde as mercadorias minguaram ou faltam inteiramente, os desejos frustrados se radicalizam, induzindo ao protesto e à rebelião, contra os quais, infelizmente, não parecem ser de grande ajuda nem o rito coletivo que induz os governantes a se reunirem periodicamente para consultas e encontros de cúpula, nem o rito individual que impulsiona um número crescente de pessoas a consultar magos e videntes. Se é provavelmente verdadeiro que as mercadorias não oferecem solução definitiva aos problemas existenciais, é, entretanto, provável que a sua falta exaspere desejos e provoque frustrações e raiva, criando condições para que um número crescente de indivíduos seja induzido a refutá-las, decidindo literalmente "saltar" do campo dos desejos materiais, próprios deste mundo, para aquele das promessas de felicidade eterna, própria do outro.

Nessa situação, o pêndulo parece então oscilar entre o camicase do pior consumismo, expressão do hedonismo ocidental imanente e pragmático, e o mais extremo fundamentalismo, expressão do idealístico e transcendente fanatismo islâmico.

De tudo isso, Fausto, ou o homem moderno ocidental, que trai a si mesmo, mas o faz "segundo um projeto", logo será chamado a prestar contas, antes ainda do que ao Grande Regedor, a si mesmo, assumindo a responsabilidade de haver acreditado muito e cedido às seduções econômicas de um hipotético crescimento sem limites, deixando-se fascinar pelas fantasmagorias aduladoras e magnificentes de um Mefistófeles-Progresso que promete conceder o poder[16].

O que não significa salvação, já que mentir talvez possa servir, às vezes, nas relações com os demais, mas não serve absolutamente nas relações que cada um mantém consigo mesmo. E, como com as roupas de Fausto praticamente nos vestimos todos, conscientemente ou não, voluntariamente ou não, seria auspicioso que conseguíssemos encontrar forças para um momento de autocrítica, para uma pausa e reflexão sobre o sentido dessa corrida maluca que nos está levando a uma perigosa implosão, veladamente embutida com valores culturais regressivos e negativos, mesmo se continuamente propagandeados e descritos de modo a nos aparecer na forma de uma exaltante explosão positiva, democrática e progressiva.

Espero estar enganado, de outro modo, pobre Fausto! Pobres de nós! Pobre de mim!

---

16 Cf. G. Alvi, *Le tentazione economiche di Faust*.

3. As Metamorfoses do Luxo

O luxo não é o contrário da pobreza,
e sim da vulgaridade.

COCO CHANEL

O Novo Verdadeiro Luxo, diferentemente daquele caracterizado e sustentado pela garantia de ser acessível ou estar disponível apenas a poucos, não se parecerá em nada, segundo Hans Magnus Enzensberger, àquilo que o luxo foi por séculos e jamais poderá se confundir com sua ideia prevalente, aquela que, ainda hoje, a maior parte das pessoas tem em mente[1]. O luxo não será mais o fato de se ter relógio de ouro e de platina, automóvel super veloz, iate, champagne e vinhos *grands crus*, de restaurante três estrelas e pulôver de caxemira, de *resorts* nas Maldivas ou na Polinésia.

Todas as coisas que com um pouquinho de exagero se poderia dizer que a ninguém mais se nega, e que podem ser compradas em qualquer lugar, em todo *duty free* de aeroporto, pelo correio ou via internet, confirmam que muitas coisas luxuosas, que ontem eram reservadas a poucos, hoje se tornaram praticamente bens de consumo ao alcance, senão de todos, certamente de um número maior e crescente de pessoas. Basta pensar, a propósito de viagens de sonho em atóis oceânicos microscópicos, o que resta de luxuoso depois de sujeitar-se a viagens com esperas e atrasos, voos superlotados e aeroportos com multidões.

---

1 Cf. *Zig zag*.

O luxo, baseado na posse de bens certa vez raros ou preciosos, não é mais luxuoso, dado que, mesmo se ainda se esforcem em exibir uma aura elitista sempre mais tênue, em realidade se encaminham tristemente para engrossar o catálogo dos desejos passados, que vai gradualmente se transformando no catálogo social-democrático das necessidades de hoje. Trata-se, ai de mim, de coisas que, dentro de alguns anos, provavelmente poderão ser obtidas até mesmo numa instituição de serviços de saúde, talvez com a cumplicidade de um médico de família, compreensivo e complacente. Ao contrário, o Novo Verdadeiro Luxo será caracterizado pela absoluta prevalência de elementos de prestação de serviços e imateriais, tais como, segundo Enzensberger, o tempo, a atenção, o espaço, o silêncio, o ambiente e a segurança.

Viverão no luxo, antes de tudo, aqueles que, tendo tempo, podem dele dispor de maneira melhor e a bel prazer, desvencilhando-se do difuso paradoxo atual que é a luta contra a falta de um tempo próprio e, sobretudo, quem, dispondo de dinheiro e poder, deveria gozá-lo com mais intensidade. Corolário bastante vantajoso dessa recuperação do valor do tempo é a possibilidade de, finalmente, dedicar-se mais atenção às coisas e às pessoas que a merecem.

A reconquista do espaço como valor fundamental servirá para nos ressarcir da necessidade de se viver em cidades populosas e, levando-nos para longe da loucura da multidão, para nos ajudar a refletir sobre o fato de que a sanção carcerária aplica como castigo a privação da liberdade, que começa e se padece, sobretudo, por meio de uma drástica redução do espaço disponível, seja ele o privado, seja o comum.

A conquista da tranquilidade exprime, ao contrário, um desejo constante e antigo na história do homem, um desejo que o guia sem trégua à procura da paz de espírito, só alcançável no silêncio, longe do barulho, do ruído cotidiano. Beber água pura, respirar o ar limpo, ingerir alimentos sadios são todas coisas possíveis se se vive num ambiente subtraído à ruína da espoliação para fins exclusivamente econômicos, à qual sucumbe continuamente e de maneira crescente qualquer canto do globo.

Outro luxo, que mesmo os mais ricos nem sempre conseguem com facilidade, é poder contar com a garantia da segurança, de modo a não serem constrangidos a viver sempre protegidos ou segregados, constantemente preocupados em não ser agredidos ou molestados de algum modo.

Estes são os seis "bens" mais raros e, portanto, mais preciosos no mercado do luxo do futuro, segundo a reflexão do pensador alemão. No entanto, deve-se dizer que a hipótese de uma gradual transformação do luxo como a sugerida por Enzensberger, que faz referência exclusivamente às sociedades mais desenvolvidas da economia ocidental, parece implicar a aceitação de um progresso "inevitável" e de natureza quase pararreligiosa, arriscando-se, portanto, ao excesso por otimismo. São muitos os que acreditam que essa hipotética transformação não poderá cumprir-se sem que se conte com a possível reação da grande massa de indivíduos condenados a estagnar em um estágio de crescente indigência, pelo fato de que, até mesmo no interior dos EUA, enquanto os ricos são sempre mais ricos, os pobres são sempre mais pobres.

Não são muito diferentes das do pensador alemão as conclusões do sociólogo ítalo-napolitano Domenico de Masi, fruto de reflexões em boa parte expostas de forma saborosamente paradoxal, entre a sedução e a provocação, de maneira fascinante e jocosamente mediterrânea, portadora de uma sorridente e desenfreada maiêutica socrática, que parece continuamente querer recordar ao leitor que a busca do conhecimento leva, infalivelmente, à obtenção do Bem[2].

Com a perceptível preocupação de não aborrecer, faz entrever em filigrana a mensagem de Giambattista Vico, outro napolitano, quem sustentava que a condição para se conhecer alguma coisa seria a de fazê-la e que, portanto, só podemos conhecer o que podemos fazer, e fazendo-o, conhecer.

E se entende até uma espécie de ligeireza musical, distante da rigorosa notação musical da harmonia matemática de Pitágoras, mas muito próxima das exóticas harmonias do samba brasileiro, em cujo manifesto ideal está escrito: "quem não gosta de samba, bom sujeito não é; é ruim da cabeça ou doente do pé". Declaração e diagnóstico que, estou seguro, De Masi, se já não o fez, subscreve com entusiasmo e convicção.

2   Cf. *L'ozio creativo*.

O ócio criativo de De Masi nos é proposto como um verdadeiro itinerário do conhecimento, finalizado pelo objetivo de conquistar-se o Bem por meio de um Fazer cuidadoso, inteligente e criativo. Um exercício hedonístico destinado a empregar o tempo que nos é consentido subtrair do trabalho profissional, desviando-o para a obtenção do bem-estar ou, ao menos, para a conquista de um equilíbrio econômico suficiente. Desenvolver uma disciplina do ócio criativo significa, segundo De Masi, aprender a desfrutar das viagens, mesmo daquelas a trabalho; aumentar sua cultura; educar o próprio erotismo; afinar o gosto pelos valores da estética; cuidar da forma, fazendo ginástica; aprofundar a capacidade de reflexão e de autoanálise, praticando a meditação; aprender a ouvir música, evitando reduzi-la a uma confusa coluna sonora de fundo, mas empenhando-se, ao contrário, em conhecê-la para poder selecioná-la; gostar da boa cozinha; ser curioso pelos hábitos de pessoas de outros países, e assim por diante. Empenhar-se no ócio criativo significa destinar toda a criatividade e toda a fantasia àquelas horas que não devem mais ser dedicadas ao cansaço físico ou intelectual, graças às descobertas permitidas pelo desenvolvimento tecnológico.

Além disso, sustenta De Masi, é necessário repartir melhor a riqueza; mas para melhor distribuir a riqueza, é preciso repartir melhor o conhecimento, base de toda riqueza. Coisa que conviria sobretudo aos ricos, pois uma maior repartição da riqueza lhes permitiria evitar que, ainda que se tornem mais ricos, vejam diminuídas sua liberdade, sua segurança e, portanto, sua felicidade.

E o risco de que isso aconteça já é real e visível, sobretudo naqueles países onde se realizou a vitória do capitalismo, um sistema eficaz para produzir riqueza, mas incapaz de distribuí-la com equidade, quando confrontado com o comunismo, um sistema incapaz de produzir riquezas, mas eficiente na distribuição de um substitutivo: a certeza de um mínimo de sobrevivência individual em um contexto de grande potência nacional. Mudados os parâmetros da riqueza, eis que se mudam os parâmetros do luxo, que, ontem como hoje, fundamenta-se naquilo que é mais precioso, porque mais raro.

Mesmo De Masi elenca seis elementos representativos do novo luxo – silêncio, tempo, espaço, autonomia do sentido de liberdade pessoal, beleza, segurança – que, como se vê, mesmo segundo ele, conduzem, absoluta e irreversivelmente, para longe da posse fetichista de mercadorias mais ou menos preciosas.

Quatro dos seis condizem com a lista proposta por Enzensberger, salvo que, onde este indica a atenção e o ambiente, aparecem, em vez disso, a autonomia e a beleza.

Ambos os autores concordam em decretar o fim do luxo de ostentação, aquele desfrutado mediante o prazer derivado da posse e da exibição de bens raros e de bens preciosos. Por outro lado, este tipo de luxo, que além de conseguir durar por muito tempo e ainda sobreviver na confusão dos menos informados e na ignorância dos menos dotados de reflexão, era e permanece, de qualquer modo, destinado a conduzir aqueles que o perseguiam, e ainda o perseguem, no beco sem saída de um *impasse* ineludível, em um verdadeiro *loop* lógico.

Normalmente, de fato, os desejos se orientam em direção a coisas que não se possuem e, por isso mesmo, são desejados; de outro lado, é quase certo que quem possui uma coisa deixe de desejá-la. Disso deriva um aparente paradoxo, em virtude do qual justamente quem possui tudo parece estar mais longe do prazer, dado que, exatamente por isso, o prazer não deriva da posse da coisa em si, mas antes no momento fugaz de sua apreciação: um instante que precede o momento da aquisição, gesto que oferece um prazer efêmero, e com o qual se satisfaz o desejo da posse antes e talvez mais do que com o gozo oferecido pela verdadeira possessão. O que obviamente equivale a dizer que a felicidade não reside na posse da coisa desejada, mas antes naqueles momentos de agudo prazer que experimentamos toda vez que alcançamos a satisfação do desejo, mediante a conquista da coisa desejada, adquirindo a propriedade e entrando em sua posse.

No *Zilbadone*, Giacomo Leopardi escreve: "Dizemos mal que um tal desejo tenha sido satisfeito. Os desejos não se satisfazem, tendo-se conseguido o objeto, mas se apagam, isto é, se perdem e são abandonados pela certeza adquirida de não se poder mais satisfazê-los". O novo luxo poderia presumivelmente permitir a saída desse *impasse*, dada a dificuldade de se imaginar que se possa "possuir" o tempo, a segurança ou o silêncio, assim como se possuem joias, pelicas, automóveis ou iates. Mesmo à luz da diferença evidente e relevante pela qual, enquanto era possível acumular e entesourar o velho luxo que, graças à sua materialidade tridimensional, podia ser acumulado e posto ao abrigo de cofres e caixas de segurança, não é certamente possível fazer a mesma coisa com o novo luxo, dado que a posse e o controle de valores imateriais, e, portanto, intangíveis, reconduz a um modelo de gozo do luxo muito mais sofisticado, fortemente personalizado pelas mediações culturais de cada indivíduo.

Sob o fundo parece reaflorar o velho adágio que recorda como o dinheiro não garante a felicidade; mas o que é provavelmente possível afirmar é que o novo luxo parece desatado de quaisquer critérios de valores objetivos, apresentando-se muito mais próximo de valores variáveis, expressos livremente por qualquer indivíduo em particular. Isso parece alcançável com um simples exercício de reflexão e de inteligência, como aquele exibido por De Masi, quando declara não se julgar rico, e sim "riquíssimo, ainda que não o seja no sentido material, digamos com uma conta em banco", explicando assim a sua afirmação, aparentemente paradoxal, de que ele reconduz não tanto à localização topográfica de sua casa, mas ao alcance mental que diz respeito do ambiente:

> vivo no centro histórico de Roma. Tenho acesso a muita coisa rara e bonita e sou um apreciador de tudo isso. Como dizia o grande pedagogo americano Dewey, educação significa dar sentido às coisas. A 150 metros da minha casa posso admirar todo dia, e assim de fato possuo, os Caravaggios de San Liugi dei Francesi, os Rafaels de Santa Maria della Pace e poderia citar muitos mais. Que Bill Gates pode dispor de uma riqueza e de um luxo semelhantes? E o belo de tudo isso é que não gasto nem mesmo uma lira para protegê-los dos ladrões. Em suma, sou a prova viva de que não é importante ganhar muito dinheiro. O problema é justamente cultural, saber conferir sentido às coisas que já se possuem, sem permanecer vítima da ânsia de possuir outras, novas e diferentes[3].

Mesmo se De Masi goza do privilégio pessoal de habitar no centro histórico de Roma e não em uma longínqua e esquálida periferia, as suas palavras soam, em todo caso, como homenagem aos valores simples da reflexão e da meditação, valores que representam um luxo ao alcance de todos, que demonstram e

---

3   Ibidem.

confirmam o que dizia Bertrand Russel: "para o homem, uma vida não meditada não é, na verdade, digna de ser vivida"[4].

Mas a meditação e a reflexão precedem e alimentam o ato de projetar, mesmo aquele de um projeto de consumo, único instrumento capaz de transformar um consumidor em um Hedonista Virtuoso. Creio que um projeto que tenha como alvo a seleção de produtos de luxo só poderia ser confiado aos cuidados de um hedonista virtuoso dotado de gosto, pois me parece que só o bom gosto possa permitir uma orientação correta do velho luxo – aquele dos objetos que, com a ajuda do design irão sempre mais se "culturalizando" –, afirmando um novo-velho luxo para coisas julgadas mais luxuosas pela quantidade imaterial de seu projeto do que pela preciosidade do material com que são feitas.

Pelo que diz respeito ao novo luxo, aquele totalmente liberado da ideia e da necessidade de posse de coisas materiais, belas ou feias, feitas com materiais ricos ou pobres, o design deverá encontrar respostas satisfatórias que lhe consintam desenvolver um papel nesse contexto nascente. Segundo os mais críticos, se deveria dar uma única definição de luxo, de gosto e de bom gosto. Como já disse no início, este ensaio não se põe o objetivo de dar definição, mas antes desenvolver um discurso que afirme a necessidade de pôr em relação o luxo, o belo e o gosto com o desenho industrial, deixando a cada um o direito de conjugar essa relação e a liberdade de dar a esses termos a definição que mais lhe agrade.

∷ ∷ ∷

Dando-se por visto o resgate do velho luxo, seja do ponto de vista econômico, seja do ético, e tendo-se recordado e reivindicado sua função importante de impulso econômico, graças à enorme acumulação de dinheiro, fruto de sua produção e de seu comércio, é preciso lembrar mais uma vez que foi precisamente esse dinheiro que permitiu ao Ocidente financiar a pesquisa e dar impulso ao desenvolvimento de uma nova economia, fundada sobre a inovação industrial e o consumo.

4   *La sagezza dell'Occidente*.

Sem a poderosa disponibilidade financeira acumulada graças a ganhos excepcionais, tornados possíveis pelo lucrativo comércio de bens de luxo, o Ocidente não teria conseguido financiar a pesquisa técnico-produtiva, aquela energética e de infraestruturas fundamentais – transporte sobre linhas férreas, estradas, vias marítimas e aéreas – e, por fim, a da estrutura distributiva e comercial. O Ocidente não teria nunca conseguido completar essa revolução cultural se não vinculasse um novo desenvolvimento econômico e social à defesa de um pensamento confiante no destino humano e no progresso.

Da mesma maneira, o Oriente não havia conseguido séculos antes, embora tivesse mais vezes chegado a delimitar e descobrir modalidades e processos inovadores para aumentar a produção, mas não havia podido dispor dos enormes recursos financeiros essenciais para pôr em marcha qualquer mudança radical. Recursos que não faltaram ao Ocidente, que obteve a passagem para a modernidade por meio daquela grande transformação que foi a Revolução Industrial. Para pô-la em marcha não teria bastado a descoberta técnico-científica, se ela não fosse acompanhada de condições favoráveis, políticas, culturais e, sobretudo, financeiras, como aquelas que, justamente, se determinaram na Europa em finais do século XVIII.

Ao colocar em circulação inovações verdadeiras, a Revolução Industrial obteve não apenas como resultado modificar a produção de mercadorias, aumentando-a em quantidade, qualidade e serviços, mas acabou por modificar toda a ordem contextual que lhe havia precedido: a econômica e a social, mas também a histórica e política e, por fim, a cultural. Já foi justamente observado como a quantidade e a qualidade do design, encontrável em um objeto manufaturado, em um setor produtivo ou em um país, possam ser medidas e avaliadas sobre a base da quantidade e da qualidade de inovação que se encontram no objeto, no setor ou no país.

É forte a tentação, neste ponto, de concluir o silogismo para sustentar que a Itália – ao menos nos setores de móveis e de decorações, graças ao fato de que design, inovação e luxo se encontram frequentemente presentes e unidos – conseguiu firmar-se como líder mundial incontestável. De modo que os produtos de design italiano se tornaram elemento integrante da paisagem mercadológica internacional, capazes de garantir a conquista do reconhecimento de um nível de luxo na decoração dos espaços domésticos ou coletivos.

∷ ∷ ∷

Mas, em minha opinião, a vinculação entre o luxo e o design inovador lança as suas raízes em algumas grandes transformações que, mesmo se já concretizadas por decênios, não foram ainda inteiramente percebidas, talvez porque sejam desagradáveis, talvez porque existam interesses poderosos que trabalham para ocultar-lhes a relevância e transcurar-lhes as implicações. Pretendo referir-me ao grande equívoco no qual incorremos, acreditando que a verdade e o bem habitassem sempre e apenas de um lado, suspeitando de tudo quanto diziam e faziam o assim chamado capital e os assim chamados capitalistas, considerados os titulares da mentira e do mal e, enquanto tais, capazes de qualquer crueldade. O equívoco consistiu em não se ter compreendido por muito tempo, e talvez nem mesmo agora, que "a contradição não era, como havia pretendido Marx, entre o capital e o trabalho, mas entre o patrimônio e o consumo"[5]. Uma constatação que pesa como um rochedo e cuja compreensão é fundamental, caso se queira tentar interpretar corretamente a natureza da discussão daquele processo fenomenal, ainda em curso, que se poderia definir como a "socialização do luxo".

E isso ocorreu no século XX, justamente no século americano, século durante o qual a renda elitista, produzida pelo imenso patrimônio acumulado pela Grã-Bretanha e por outras potências coloniais, graças a dois outros séculos de espoliação na África e na Ásia, e gerida na City londrina, acaba por ser superada, vencida e substituída pelo lucro democrático. Que suplanta a renda após ter obtido dimensões inimagináveis, graças à aliança entre produção e consumo, realizada no primeiro grande mercado, o dos Estados Unidos da América. Aliança nascida da intuição de um número relativamente pequeno de pessoas – empreendedores, banqueiros e políticos – a propósito das enormes possibilidades realizáveis de acumulação,

5   G. Alvi, *Il secolo americano*.

apostando-se na explosão do consumo de massa num grande mercado livre como aquele da América. Um mercado facilmente integrável a outros mercados, em primeiro lugar ao da América Latina e, mais tarde, por diferentes meios de controle, aos da Ásia e da África, no interior de uma estratégia voltada para a definição de um único mercado global, gerido sob o guarda-chuva tranquilizador do dólar e com um *GI Man* para servir-lhe de sentinela e guardião.

Visto sob essa luz, o épico choque entre capital e trabalho, que dilacerou a Europa por dezenas de anos, enfraquecendo-a social e economicamente, não passava de uma encenação de periferia, ao redor de um problema marginal. O verdadeiro embate foi aquele entre patrimônio e consumo: uma guerra que se desenrolou, até onde foi possível, nos *caveaux* dos Bancos Centrais, uma guerra combatida sem armas, mas nem por isso sem crueldade e sem vítimas.

Um embate que se prolongou segundo modalidades incruentas até quando foi possível concordar, mesmo cansativamente, com equilíbrios financeiros novos e compartilhados. Mas que em certo momento, exaurida a capacidade de elaborar promessas, explode todas as contradições acumuladas no banho de sangue da Primeira Guerra Mundial, ao fim da qual não se consegue encontrar uma solução satisfatória e, sobretudo, estável, por causa do arranjo precário que os beligerantes deram ao mundo após 1918. A guerra não basta para ratificar a nova ordem internacional, e a transferência do controle do poder financeiro e político da Inglaterra para os Estados Unidos deve ainda se fazer esperar. O que se realiza apenas nos anos que se seguem à Grande Depressão de 1929, durante a qual as poderosas armadas financeiras, reunidas em torno dos senhores do dólar, derrotam aquela reunida em defesa da então enfraquecida libra esterlina e, marchando compactas a partir da nova-iorquina Wall Street, finalmente conquistam a praça-forte da City londrina, aniquilando-a e fazendo-lhe perder autoridade.

Os últimos movimentos de acomodação da nova ordem foram compelidos pelas facções na Segunda Guerra Mundial, combatida por um grupo de nações unidas pela ideia de que o poder deva estar fundado sobre o reconhecimento do primado da democracia (de mercado), aliadas por conveniência com os soviéticos (inimigos da mesma ideia de mercado), contra um grupo de nações reunidas ao redor de uma ideologia odiosa de poder, fundada e autolegitimada por uma hipótese envilecida e insustentável de primado racial.

Com o advento da nova ordem, o tabuleiro de xadrez propõe novos parâmetros e requer novos equilíbrios, os quais, no entanto, somente poderão adquirir solidez e estabilidade se souberem controlar os excessos de um liberalismo sempre mais arrogante e selvagem, que está produzindo muitos estragos, impossíveis de ser ocultados por trás dos melhores e mais sedutores hedonismos. Sem negligenciar o fato de que, se é verdade o que sustenta Alvi, existe um Marx superado como metafísico e hegeliano, também existe um Marx vivíssimo, provavelmente destinado a reentrar em jogo, precisamente por causa das contradições do capitalismo.

Nesse contexto, e de tal ponto de vista, o luxo corre o risco de ser reduzido a mera noção histórica, por causa do veloz processo de democratização, cujo triunfo do consumo a ele se sobrepõe. E é obrigado a trocar de pele, como muitas vezes foi obrigado a fazê-lo no correr dos séculos. A inovação, por sua parte, está destinada a sofrer uma crescente e contínua manipulação instrumental que lhe impõem as exigências do marketing, a serviço de um mercado ao mesmo tempo global e onívoro. O design, enfim, deveria adquirir maior visibilidade para conseguir se fazer reconhecido por um papel estratégico de alto perfil, tal como fazê-lo contribuir com eficácia para a definição de novos cânones estéticos de uma produção prevalentemente industrial, que deve e pode oferecer qualidade e quantidade. E deveria se esforçar para tornar-se conjuntamente ético e estético, incorporando à criação de projetos a capacidade de tornar controlável, ou ao menos tolerável, a desordem capitalista, com o objetivo de se alcançar uma nova "felicidade como reconhecimento da beleza"[6]. De uma beleza que se possa não apenas "comprar", a fim de que possamos nos aproximar de uma felicidade mais verdadeira, porque não adquirível ou substituível pelo dinheiro. Pois o capitalismo "substitui economicamente a felicidade, remedia a sua ausência, a simula por compra e finge

---

6   Ibidem.

que é igual para todos"[7]. Enquanto sabemos que, ao contrário, a felicidade não é acumulável e é presunçoso deduzir que possa crescer por obra da economia, assim como é falso acreditar que possa ser substituída pelo dinheiro.

Para a conquista desse nobre objetivo é auspicioso e urgente a definição de um novo *nomos*, capaz de permitir à felicidade e à beleza subtraírem-se da injusta subordinação à economia, à qual estão quase sempre subordinadas nos dias de hoje.

Devemos ser capazes de imaginar um grande projeto não capitalista que não caia, entretanto, na armadilha do anticapitalismo; um projeto de reforma e de refundação dos princípios econômicos, tão forte eticamente que consiga fazer entrar a economia em seus confins originais, aqueles que lhe confiavam a tarefa de se ocupar de todas as mercadorias e de todos os mercados, deles excluindo apenas três: o trabalho, a terra e o dinheiro. Porque não se trata de mercadorias, mas de categorias que não deveriam ser tratadas sob a mesma condição de mercadorias; de outra forma, torna-se difícil restabelecer uma relação serena e equilibrada entre o homem e sua terra, o homem e seu trabalho, o homem e o dinheiro – o seu e, sobretudo, aquele que não é o seu.

A retomada do debate acerca da conveniência de ao menos classificar e tratar o trabalho, a terra e o dinheiro na mesma situação de outras mercadorias seria provavelmente bastante interessante e certamente profícua, à luz de novas experiências e aquisições feitas, desde que esse debate fosse encerrado com a vantagem das postulações dos assim considerados economistas clássicos e com a fundação da economia como nova disciplina, baseada sobre aqueles pressupostos que ainda hoje sustentam sua estrutura científica, lógica e filosófica.

Com o tempo, as muitas alterações, logo introduzidas pela política econômica dos governos mais esclarecidos de diferentes países, contribuíram para constituir, em torno do princípio de que trabalho, terra e dinheiro são mercadorias como as outras; três estatutos especiais, feitos de lei, regulamentos e normas que, sem contestar o fato de que esses três bens são iguais a todos os outros, permitiram, no entanto, que

---

[7] Ibidem.

viessem a ser tratados conforme regulamentos diversos. Talvez algum brilhante economista, iconoclasta e aventureiro, ao ler estas linhas, seja induzido a aceitar o encargo de reabrir o caso, propondo uma refundação da economia, baseada na admissão de que trabalho, terra e dinheiro não são mercadorias e que, portanto, devem subsistir com estatutos diferenciados e autônomos em relação àqueles que regulamentam todas as demais mercadorias. Aquelas outras mercadorias que, diligente e incessantemente, continuaram a afinar a sua qualidade técnica e funcional, melhorando materiais e processos.

As mercadorias que, nas relações com o homem, sempre cumpriram um papel de grande importância e que, com o advento da modernidade, conheceram uma época de grande sucesso, ainda não concluída e que continua a prosperar, até mesmo graças ao encontro relativamente recente com o design e a cultura de projetos.

Aquelas mercadorias que, ao se transformar e adquirir valores formais que promanam da estética e propõem o belo, enriqueceram-se com todos os valores utilitários possíveis, indo muito além da capacidade de responder às necessidades mais imediatas, e conseguindo ainda incitar novas demandas escondidas à sombra de nossos desejos latentes.

E a própria ênfase sobre os valores utilitários vai tornando a oferta sempre mais imaterial, o que tende à substituição progressiva dos bens materiais com serviços imateriais. A esse respeito, parece-me absolutamente não casual que, numa pesquisa conduzida em 1999 pela revista *Fortune*, foram indicados como figuras dominantes da cena internacional do século Henry Ford, Alfred Sloan (General Motors), Thomas Watson (IBM) e Bill Gates (Microsoft). Mesmo se o personagem depois escolhido pela revista para representar todo o século tenha sido Ford, é bastante significativo que, para a segunda metade do século tenham sido selecionados justamente dois empreendedores que afirmaram, com sua criatividade desabusada e genial, a progressiva afirmação dos valores utilitários e imateriais, em comparação com aqueles meramente funcionais. Com efeito, assim como o automóvel (antes de tudo o Ford modelo T) representou o orgulho da primeira Revolução Industrial, no momento de sua maturidade máxima, o computador pessoal expressou totalmente o sentido da mais recente fase do desenvolvimento tecnológico e do progresso econômico.

Mas enquanto o automóvel é construído quase inteiramente em metal, representando assim um produto elaborado exclusivamente com *hardware*, o computador pessoal se apresenta com uma essência dupla, aquela da parte material e tangível, e aquela intangível, constituída por programas. A dimensão revolucionária do PC reside justamente no fato de que ele é constituído por uma parte tangível, o *hardware*, e de outra intangível, o *software*. O PC traz consigo, vulgarizando e tornando-o compreensível, até mesmo às crianças, a importância e a separação, no interior do produto, da noção de *software*, confirmando, ao mesmo tempo, o primado e a decisiva preponderância estratégica. De maneira que podemos tranquilamente assumir que, apesar da conclusão da *Fortune*, o verdadeiro representante da última modernidade seja certamente, para o bem e para o mal, Bill Gates, que assegurou-se desse primado, usando uma capacidade de empreendedorismo desabusada, demonstrando como os comportamentos típicos dos atores da assim chamada *new economy* estão privados de limites éticos, ao menos tanto quanto o foram os seus predecessores, os patrões das ferrovias.

Intuídas as enormes possibilidades oferecidas pela produção de programas, o fundador da Microsoft, depois de ter se apossado do *know-how* obtido por outros, soube desenvolver magistralmente suas potencialidades, até se tornar o chefe de um império que produz uma mercadoria quase inteiramente constituída por valores imateriais, e cuja virtude na prestação de serviço está confiada e é veiculada por suportes materiais sempre menores, finíssimos objetos *hard* capazes de conter e conservar quantidades incríveis de programas, informações, imagens e dados.

Frente a esse desconcertante cenário que parece anunciar o desaparecimento das mercadorias, deixando entrever uma nova economia fundada prevalentemente sobre trocas de valores rarefeitos e imateriais, privados de consistência tridimensional, necessariamente se repensam e se renovam os valores em que se ancora a produção das mercadorias, mesmo aquelas destinadas a alimentar o novo luxo.

Um novo luxo que, como havíamos visto, em parte e para um número bastante reduzido de fruidores, será constituído de coisas *soft*, intangíveis, enquanto continuará, para um número sociodemocraticamente crescente de usuários, a ser feito de coisas *hard*, tangíveis. Os quais, ao mesmo tempo, verão sua aceitação basear-se menos em valores *hard* dos materiais, e mais nos valores *soft* do design. De um design capaz de instaurar com o comprador uma relação nova e mais envolvente, fundada em uma espécie de cumplicidade cultural mediada por objetos, contudo não mais escolhida na base de parâmetros objetivos, expressões de valores materiais, mas somente na base de critérios subjetivos, expressões de sua aderência empática, conforme o gosto de cada um.

Assim se vai realizando gradualmente um processo de transformação cultural, determinado justamente pelas características das mercadorias, finalmente tornadas capazes de transferir a atenção do adquirente sobre a vulgaridade dos valores legados pela preciosidade, pela cota e peso dos materiais utilizados junto à elegância para os valores intangíveis, que estão presentes e promanam do bom design.

Mas o significado cultural dessa transformação se evidenciará apenas se observada e ajuizada não por um mero consumista, e sim por um hedonista refinado, o mais virtuoso possível.

4. As Atribulações do Belo

*Foi a sociedade industrial que isolou o belo,
expelindo-o do mundo do trabalho.*

DOMENICO DE MASI

Graças ao trabalho desenvolvido nos últimos decênios, criaram-se condições objetivas para permitir a reparação dos danos causados pela expulsão do belo das fábricas, os novos templos da produção industrial. Convencidos de que seu sucesso não podia fundar-se a não ser sobre a produção, ou, melhor dizendo, sobre a re-produção de manufaturados artesanais preexistentes, utilizando as enormes possibilidades da indústria nascente, os primeiros empresários da modernidade delegaram a produção aos engenheiros, por conseguinte viu-a subordinar-se, até no menor detalhe produtivo, às leis férreas da deusa quantidade, embalsamando a criatividade na ausência quase total de atenção aos novos cenários estéticos possíveis, oferecidos pelas técnicas de produção industrial.

Se a produção voltou a dar atenção e espaço aos valores do belo e da qualidade estética dos objetos, deve-os ao design, que conseguiu propor-se e se afirmar como o instrumento capaz de permitir a superação da fratura que se criou há duzentos anos, em razão do ceticismo e da suspeita que os patrões da indústria mostraram nutrir para com os empreendedores que surgem no final do século XVII, nos confrontos com a estética e as belas artes.

Uma suspeita bastante radical e difusa, não obstante o empenho de alguns empreendedores esclarecidos e contracorrente, que perceberam com antecipação o quanto era importante para a indústria manter relações não conflituosas, fosse com o mundo da criação dos valores estéticos, fosse com o corpo social, atravessado por uma profunda crise devido às mudanças determinadas pelo advento dos novos sistemas produtivos e de suas consequências sobre a organização da distribuição e do consumo. A suspeita a qualquer forma de nova criatividade se cristalizou rapidamente, com aberta hostilidade, desde o momento em que as empresas começaram a obter seus primeiros sucessos e durou obstinadamente até nossos dias, tanto é que, até mesmo em um país como a Itália, tida como o paraíso do design e do projetista, ainda se sente afirmar que as leis estéticas e éticas que regulam o mundo dos negócios seriam profundamente diferentes daquelas que regulam as relações internas à criatividade, como se esta proviesse de um outro mundo.

Efetivamente, com a passagem da produção artesanal à industrial, no interior do mundo da decoração, e do mobiliário em particular, as relações que se estabelecem entre arte e indústria, de um lado, e estilemas clássicos e novos, de outro, tornam-se bastante articuladas, definindo um conjunto que parece ter encontrado um caminho resolutivo e aceitável na própria prática do design.

Em seu início, a produção industrial toma duas vias diferentes, empenhando-se em produzir tanto coisas que não poderiam ser obtidas com os instrumentos do artesanato, quanto aquilo que não era outra coisa senão a reprodução, por meio de máquinas, da manufatura artesã. A parte largamente preponderante de artigos que no início se introduz no mercado é quase sempre constituída por cópias pioradas dos manufaturados tradicionais. Deverão se passar muitos decênios antes que se consigam projetar e produzir manufaturados não apenas de qualidade, mas também esteticamente de sucesso, segundo os cânones de uma nova "estética industrial". Produtos que não mais serão semelhantes a reproduções industriais de modelos clássicos, derivados de protótipos que tinham quase sempre sua inspiração no mundo do artesanato e da arte, mas tendo, em vez disso, uma "qualidade industrial" original, inspirada frequentemente em novos estilemas introduzidos pela pesquisa e pela evolução da arquitetura, modernista e racionalista. E justamente de uma costela da arquitetura nascerão, como sabemos, os movimentos culturais, didáticos e aplicativos, cujas experiências confluirão para constituir o atual corpo de conhecimento que define o design, como teoria e como prática.

Muito frequentemente, aqueles que desenvolvem um trabalho criativo são acusados por empresários e gerentes de fazer "poesia", de não ter atitude nem capacidade de produzir riqueza, paradigma prioritário de qualquer atividade econômica que se queira corretamente gerida, respeitando as regras do *business*. É como dizer que, para fazer bem os negócios, é preciso ser ignorante e rude, e, sobretudo, insensível e negligente perante todas as manifestações formais, estéticas ou, de algum modo, culturais. As razões da fratura histórica entre o mundo da produção industrial e a criatividade estética remontam ao próprio momento em que se vê o início da Revolução Industrial, encontrando-se uma explicação plausível na estrutura profundamente diversa do novo modo de produzir, face àquele artesanal que o havia precedido. É bastante provável que seja um mérito atribuível ainda ao design a reconciliação do sistema de produção industrial com o gosto pelo belo, que por um longo tempo não havia encontrado terreno fértil no interior das fábricas. Com efeito, o design é, entre outras coisas, a disciplina que possui a competência para que os produtos fabricados industrialmente se enriqueçam não só com valores estéticos. Ele parece ser, portanto, o instrumento capaz de qualificar e caracterizar as mercadorias "na época de sua reprodutibilidade técnica", reconciliando-as com a beleza e conferindo-lhes uma identidade formal reconhecível e agradável, além de técnica, funcional e de serviço. E, ainda, se o design não garantisse a solução de todos os problemas da produção industrial, parece, de qualquer modo, oferecer um caminho que se pode percorrer com proveito, uma estrada que permite a conquista de porções crescentes de mercado a quem souber dele melhor se servir.

Estou também convencido de que quanto mais o sistema produtivo conseguir projetar os próprios produtos, tomando o cuidado de lhes pôr um pouco de criatividade em forma de poesia, tanto mais aumentará o nível e a rentabilidade dos negócios, que serão certamente favorecidos pela cumplicidade que esse sofisticado ingrediente saberá estabelecer com os demais atores do mercado, os comerciantes, a imprensa e, sobretudo, os consumidores, sempre mais atentos, exigentes e informados, e sempre menos prosaicos.

Ora, se voltarmos o olhar para os negócios, veremos que no passado a valorização econômica de um grupo social, de uma cidade ou de um estado sempre foi feita somando-se à riqueza produzida pela atividade manufatureira, expressa pela quantidade e pela qualidade da produção artesanal, toda a riqueza produzida por outras atividades econômicas fundamentais, como as agrícolas e a dos serviços, entre as quais o comércio.

A característica precípua da produção artesanal, ontem como hoje, é constituída pelo fato de desenvolver-se em espaços prevalentemente reduzidos e com um número limitado de encarregados, mesmo que não faltem, contrariamente ao que comumente se pensa, exemplos até mesmo muito antigos de produções artesanais de grandes dimensões e grande número de pessoas.

Segundo Carlo Maria Cipolla,

todos os textos de história repetem em abundância que antes da Revolução Industrial a figura quantitativamente predominante no setor manufatureiro era a do artesão. A unidade artesanal, entretanto, estava bem longe de ser uma unidade estereotipada. Havia numerosos casos de artesãos que trabalhavam com a ajuda de um aprendiz. Havia oficinas com artesãos reunidos em sociedade. Havia unidades ainda mais complexas nas quais o artesão tinha abaixo de si, a seu serviço, trabalhadores assalariados e aprendizes[1].

Com efeito, a verdadeira diferença entre a produção artesanal e a produção industrial não reside tanto na dimensão das empresas, quanto na diferença entre fabricar à mão para um cliente que se conhece e fabricar com máquina para qualquer um que nunca se viu e não se conhece.

De qualquer modo, na esmagadora maioria dos casos, a dimensão que prevaleceu e caracterizou a economia

---

1 *Storia economica dell'Europa pre-industriale.*

pré-industrial foi aquela típica oficina artesanal como nos foi transmitida; vale dizer, um espaço no qual conviviam, e ainda convivem, numa simbiose bastante estreita, criatividade, produção e venda. Tais atividades se concentram não só no mesmo e pequeno lugar onde se trabalha, mas se reencontram exatamente todas as três incorporadas, de maneira literalmente orgânica, na pessoa do "mestre", quem normalmente conduz a empresa na qualidade de titular, valendo-se da ajuda dos familiares e de um ou mais aprendizes.

É opinião de alguns estudiosos que, em certos casos, não se poderia falar propriamente de criatividade artesanal, porque a característica da atividade seria a de reiterar, sem o aporte de algo criativo, hábitos consolidados no arco dos séculos, recebidos e transmitidos como tradicionais, limitando-se a repetir um processo produtivo conhecido sem modificações, vale dizer, sem nada retirar e nada ajuntar, numa repetição monótona, privada de uma contribuição criativa.

Julgo, em vez disso, que ao menos os artesãos providos de maior talento sempre possuíram e expressaram algum gradiente de criatividade, intervindo de várias maneiras para modificar e melhorar os aspectos formais, enriquecer a escolha de materiais ou refinar os processos de fabricação transmitidos pelos costumes e herdados da tradição. Obviamente, e de modo diferente entre um artesão e outro, essa criatividade podia manifestar-se para enriquecer nem sempre e não apenas a função mais propriamente criativa e de projeto, mas talvez aquela mais especificamente técnico-produtiva ou mesmo a comercial ou de venda. E isso em função de atitudes diversas, de talentos diferentes, de propensões particulares e preferências que caracterizavam cada mestre artesão.

Isso equivale a reconhecer que nem todos os artesãos tinham ou possuíam o mesmo talento, e nem todos desenvolviam da mesma maneira os três componentes fundamentais para o desenvolvimento de suas atividades. Presumivelmente, alguns se mostram mais versados na reflexão e na especulação de tipo criativo e na elaboração sucessiva do projeto; outros excelem na capacidade de construir e de fabricar; outro se mostra mais versado na atividade comercial, resultando melhor como vendedor do que como construtor ou projetista.

Na economia pré-industrial,

a fábrica no sentido moderno não existia; a realidade correspondente era a oficina e o trabalho era representado por uma realidade humana e econômica bem diferente daquela que o termo trabalho indica no mundo em que vivemos. O equivalente de nosso empresário era o mercador, que não era, porém, aquele que nós entendemos hoje por mercador. O típico mercador era comerciante, mas normalmente também aquilo que hoje chamaríamos de empreendedor, manufaturador e talvez até mesmo banqueiro, cambista ou segurador [...] O mercador assumia os encargos da loja. Os palácios de Veneza e de Florença mostram claramente esse fato com a presença em suas estruturas arquitetônicas de amplos locais destinados unicamente ao recolhimento de provisões de matérias-primas e de produtos acabados [...] A organização da produção concentrava-se, pois, nestes dois polos: a oficina do artesão e o depósito do mercador*. No primeiro, operava-se com encomenda. O segundo servia para o suprimento de matéria-prima e a saída de produtos acabados. Estas são as linhas gerais do quadro. Pois, obviamente, havia nuanças e exceções que nunca acabavam.²

Com o advento da Revolução Industrial, o artesão, como bem sabemos, não morre, mas se transforma e se redimensiona; certamente não é mais o único a contribuir para a riqueza econômica com a produção de manufaturados, que a partir de então vêm numa quantidade muito maior do nascente sistema industrial.

Hoje, num país como a Itália, no qual o artesanato tem sido, por séculos, extremamente florescente, e que ainda conserva uma posição de respeito, a cota parte que sua produção confere ao conjunto do sistema econômico nacional oscila entre um décimo e um oitavo da produção total.

Como é conhecida, a posição dominante assumida pela indústria tem sido, desde o seu alvorecer, causa e portadora de profundas transformações, não só no mundo da economia, mas até mesmo nos mundos social e político. E entre essas transformações, aquela que me importa evidenciar atém-se à ruptura do equilíbrio entre criatividade, produção e venda,

---

* No original, *fondaco del mercante*. O termo *fondaco* refere-se a um edifício ou parte dele destinado a guardar e comercializar as mercadorias de um negociante (não sendo ele seu proprietário), e cujo uso, na Idade Média, era autorizado por autoridade municipal, consoante normas previamene estipuladas (N. da T.).

2 C.M. Cipolla, op.cit.

que caracterizava o sistema de produção artesanal. Um equilíbrio que o artesão soube cultivar tão bem e por longo tempo, convertendo-se no fulcro de uma imagem favorável a um certo modo de fabricar e que ainda hoje acompanha positivamente o produto feito à mão, segundo os princípios de uma produção que foi por séculos o componente fundamental e marcante da economia pré-industrial.

Com a Revolução Industrial ocorre uma profunda e, sob certos aspectos, dramática transformação, que faz explodir o velho sistema, dispersando-se as partes componentes, sobretudo em prejuízo da criatividade que, sob a proteção da oficina, havia convivido com a produção e com o comércio no longo desenvolvimento das experiências produtivas artesanais.

Entre os motores das mudanças, que se recorde o aporte determinante do capital financeiro, cuja propriedade e controle não estavam mais em mãos dos empreendedores. A Revolução Industrial, como aquela dos transportes, da energia, do comércio e do consumo, nasce de fato da junção entre o capital financeiro, a ideia empresarial e a inovação tecnológica.

O fato é que, de qualquer modo, sob os golpes da indústria nascente, o velho modelo de produção artesanal começa a se desagregar e as suas três funções essenciais – produção, venda e criatividade – perdem coesão e se separam, encaminhando-se para destinos bem diferentes.

A produção, seduzida pelo fascínio dos grandes números e das quantidades, vai habitar nas indústrias e fábricas onde, com a ajuda de novas fontes de energia e graças à concentração de grandes massas de trabalhadores em um único lugar, consegue alcançar resultados econômicos excepcionais, com novos objetivos de quantidade, mesmo se, às vezes, isto venha em detrimento da qualidade das mercadorias produzidas. O sistema logo se propõe metas que em seguida são superadas, graças às constantes melhorias obtidas por meio da pesquisa tecnológica, que permite introduzir no mercado quantidades sempre maiores de mercadorias, mas também realizar novos produtos, procurados pelas pessoas, para além mesmo de sua efetiva utilidade ou funcionalidade. E a partir de um certo momento, mercadorias fascinantes porque não realizadas com os velhos critérios da produção artesanal.

A venda, embora com um ligeiro atraso face à produção, também efetiva sua revolução, precursora da revolução que se seguirá do consumo, e se especializa como função autônoma, empregando novas linguagens e sistemas de comunicação, e procurando novos canais de comércio e sempre novos clientes, nisso muito auxiliada pelo eco da grande Exposição Universal que, influenciando e favorecendo a abertura de negócios especializados, maiores e melhor organizados, em lugar dos empórios ainda prevalecentes até então, que empilhavam sem cuidado mercadorias de tipos heterogêneos, de diversas proveniências e destinações de uso.

A maior parte das "passagens"* de Paris, conta Walter Benjamin, surge nos quinze anos após 1822. A primeira condição de seu aparecimento é a conjuntura do mercado têxtil. Começam a aparecer os *magasins de nouveautés*, os primeiros estabelecimentos que possuem grandes depósitos de mercadorias. Esses são os grandes precursores das grandes lojas de departamento. Era então que Balzac escrevia: "O grande poema da vitrine canta suas estrofes coloridas desde a Madeleine até a porta de Saint-Denis". As "passagens" são um centro do comércio de artigos de luxo. Em sua decoração a arte entra a serviço do comerciante. Os contemporâneos não se cansam de admirá-las. Por muito tempo permanecem um centro de atração para os estrangeiros. Um guia ilustrado de Paris diz: "Estas passagens, recente invenção do luxo industrial, são corredores cobertos de vidro e paredes revestidas de mármore que atravessam imóveis inteiros, cujos proprietários se uniram para essa especulação. Sobre os dois lados desse corredor, que recebe luz do alto, se sucedem as mais elegantes lojas, de modo que uma passagem do gênero é uma cidade ou, antes, um mundo em miniatura.[3]

Na Itália, a adequação das estruturas comerciais ocorreu com mais lentidão e ainda hoje registra um grande atraso com respeito à França e ao resto da Europa, tanto é que os valores totais das mercadorias destinadas à decoração distribuídas por meio das lojas assim consideradas GDO, vale dizer, Grande Distribuição Organizada, não superou, em 2002, nem ao menos um décimo do total do consumo dos elementos decorativos.

Conta Vittorio Gregotti:

---

* No original em francês, ou seja, galerias cobertas ou ainda uma série de lojas de uma rua ou avenida, que se percorre a pé (N. da T.).
3 W. Benjamin, *Opere Completa*, IX, *I passages di Parigi*.

Na Itália, no caso de Milão, o grande magazine estava ligado a um "mercado" que ultrapassava os confins da cidade e se estendia às classes burguesas de um vasto território que começava a ser dotado de uma rede fixa de transportes urbanos e extra-urbanos: os catálogos periódicos das "Cidades da Itália" reúnem muitos centros da Lombardia. Ao contrário, os catálogos posteriores de "Alle città d'Italia", de Roma, se dedicam a uma clientela em grande parte residente na cidade [...] A atualização do gosto exigia operações recorrentes de maquilagem, fosse na parte interna, fosse na externa dos edifícios; para manter viva a curiosidade da clientela, lançava-se mão de todo o vocabulário do ecletismo, assim como acontecia nas Exposições (que se recorde a Sala Gótica dos Magazines Bocconi de Milão). Mesmo a tipologia dos magazines era importada: na França, desde 1866-1867 surgiram os primeiros edifícios com tal destinação, caracterizados por um vasto salão central coberto de vidro e ferro (derivação do pátio interno), sobre o qual davam os andares superiores por meio de balcões.[4]

Um destino menos afortunado é aquele que toca a terceira função na qual se escandia o trabalho no interior do sistema produtivo artesanal – a criatividade. Para ela não se reconhece um papel no novo sistema de produção e, portanto, não se consegue obter um lugar incumbido de acolhê-la dentro da fábrica, nem um estatuto reconhecido no interior do sistema que organiza a produção. A criatividade é expulsa do novo sistema e, por causa desse ostracismo um pouco obtuso, baseado na exaltação exclusiva dos valores de inovação do tipo tecnológico, é obrigada a procurar refúgio nas vanguardas históricas, nas quais se torna combatente e contestadora e, na tentativa de não morrer, se debate por décadas, lutando por desenvolver uma nova estratégia que lhe permita reencontrar e estabelecer uma relação de colaboração com o novo sistema. E é propriamente nas vanguardas, no interior desses frágeis organismos em que os temas da preservação, da autonomia do pensar, da inovação artística, da reivindicação ao dissenso e da liberdade sociopolítica, estando esses temas costumeiramente misturados entre si, que a criatividade se recolhe e se transforma. Nas vanguardas, ela espera que os tempos melhorem e amudereçam as condições para um retorno ao auge, que lhe permita inserir-se no sistema da produção industrial.

4 V. Gregotti; L. Berni; P. Farina; A. Grimaldi; F. Raggi, Per una storia del design italiano, 1860-1914, *Ottagono*, n. 33.

A consequência é que ao redor de um sistema de produção industrial, que no século XIX, quase envergonhado de si mesmo, se utilizava de novos materiais e processos para reproduzir e repropor velhos produtos e esquemas, fabricando em ferro-gusa, em lugar de mármore, colunetas iônicas para alprendes das estações ferroviárias ou composições florais elaboradas para as entradas do metrô, ou ainda mobiliários em ferro trabalhado à guisa de vime ou de madeira nodosa, se enraíza a opinião de que, com seus produtos, a indústria é portadora do feio. Opinião que em poucos anos se transforma, arraigando-se em prejuízo, contra o qual combatem, no interior das vanguardas, até mesmo os herdeiros daquela mesma *intelligentzia* criativa que tinha sido colocada à margem algumas gerações anteriores. Filippo T. Marinetti, no *Manifesto del futurismo* de 1909, declara que "um automóvel de corrida, com seu capô, adornado com grandes tubos semelhantes a serpentes de hálito explosivo, é mais belo do que a Vitória de Samotrácia".

Depois de muitas tentativas falidas, como aquelas levadas à frente na Inglaterra, primeiro por Ruskin e depois por Morris, destinadas a recuperar, entre outras coisas, a harmonia perdida de um artesanato historicamente arruinado, provavelmente porque animado por uma nostalgia ambígua e anacrônica do bom tempo antigo, os destinos da criatividade encontram um novo e positivo endereço na Alemanha do início do século XX, graças sobretudo à iniciativa e à obra teórica excepcional de comunicador e de organizador de Walter Gropius.

E eis que hoje uma grande parte daquela experiência volta a conjugar-se e a unir a beleza à técnica, a forma à função, elaboradas primeiramente na Bauhaus, de Weimar e de Dessau, e depois retomadas na Hochschule für Gestaltung, em Ulm, desenvolvendo-se ulteriormente e encontrando fértil terreno de aplicação na Itália, sobretudo nos setores de móveis e de decoração, setores nos quais as pesquisas teórica e aplicada andaram de braços dados, com notável rapidez e crescente sucesso, particularmente depois da segunda metade dos anos de 1950.

É grande mérito dessa experiência se a nova criatividade, filha, talvez sobrinha, ou mais exatamente bisneta daquela criatividade que as primeiras gerações de industriais haviam refutado e expulso, tenha finalmente reencontrado um papel reconhecido no sistema, adquirindo uma nova legitimação graças à nova identidade obtida por meio do design.

E com a reinserção da criatividade no processo produtivo, abrem-se novamente as portas ao belo, introduzindo um processo virtuoso de elevação do gosto através da produção e da distribuição de objetos e de coisas portadoras, cada vez mais, de beleza. Como testemunho do fato de que "sem dúvida, a beleza não faz as revoluções, mas vem um dia em que as revoluções precisam da beleza"[5].

Em minha opinião, a importância histórica do fenômeno do design está, portanto, no ter possibilitado a reinserção da criatividade desaparecida no interior do sistema de produção industrial, recuperando-a para a nova cultura do projeto.

Em virtude da aceitação e do crescente grau de disponibilidade para acolher as sugestões e os ditames do design, a indústria está gradualmente restabelecendo uma relação profícua com as formas do belo, contidas nos valores da estética deixada, depois de um século, sob o domínio do gosto, geralmente grosseiro, de engenheiros e técnicos. Ao design, portanto, se deve atribuir, de maneira geral, o mérito do crescente aspecto aprazível que as mercadorias têm assumido, desde quando o sistema industrial reconheceu o belo como valor próprio, permanecendo seduzido por sua grande capacidade de comunicação, aquela que se tornou linguagem universal e alma do mercado global. Enquanto disciplina da destacada vocação para a pesquisa e a inovação da matéria e do processo, o design incorpora uma propensão aguda para o belo na sua versão industrial; e justamente por causa de seus dotes, possui uma universalidade icônica que é um patrimônio análogo àquele da linguagem musical, com o acréscimo de valores de funcionalidade e de prestação de serviços de modo algum desconhecidos. Provavelmente, o belo jamais conheceu na história uma situação tão favorável à sua difusão do que aquela que a *indústria do design* hoje lhe propicia, permitindo-lhe entrar praticamente em todos os lugares; em todos os objetos, graças ao *product design*; nas casas, nas lojas, nos espaços destinados aos serviços, nos destinados ao trabalho, como naqueles reservados ao divertimento e ao tempo livre, graças ao *interior design*; nas

---

5   A. Camus, *L'uomo in rivolta*, p. xx.

embalagens, nos cartazes publicitários, nos jornais, nas logomarcas, graças ao *graphic design* e ao design da comunicação; e enfim, mesmo na elaboração daquele tecido conectivo sob o qual se encontra o viver social e econômico, representado pelos numerosos e crescentes produtos invisíveis ou, seja como for, imateriais, privados de consistência física, graças ao *concept design*. E mais entusiasmante ainda, é o fato de que a esse número crescente e difuso de mercadorias, seja *hard* ou *soft*, permeadas por elementos que tenham algum valor estético responde um número crescente de possíveis fruidores.

É um processo no qual se desenvolve enormemente o mercado do design, dada a ação favorável e convergente da progressiva redução de preços, do crescimento do poder de compra e do crescimento contemporâneo do nível de gosto e de apreciação de produtos que tenham a ver com o design.

Depois de séculos durante os quais toda a estética foi patrimônio da arte, agora é a própria realidade a ser estetizada segundo os ditames do design; quero aludir àquela realidade pervasiva representada por miríades de mercadorias que nos circundam, e através das quais a produção industrial põe em circulação os novos paradigmas estéticos, garantindo novas condições para a difusão do belo e a possível e auspiciosa elevação do gosto.

Obviamente, tudo isso, não significa o desaparecimento da feiura, representa, porém, um aumento de responsabilidade para cada um de nós na qualidade de consumidores, à qual podemos responder de maneira positiva apenas elevando-nos à condição de hedonistas virtuosos, vale dizer, mostrando-nos capazes de projetar o nosso consumo, reconhecendo e escolhendo bens e mercadorias com conhecimento de causa e de efeitos.

Como observa Remo Bodei, esta "estetização difusa" provoca

efeitos contraditórios, negativos, mas, também, positivos. Se, de um lado, ela aumenta o risco de habituar-se ao feio ou à insensibilidade para as formas menos estandardizadas de beleza (que exigem um maior investimento cognitivo e emotivo, para o qual muitos não estão nada dispostos), de outro favorece uma maior atenção compartilhada com as manifestações do belo, dilatando a experiência, aguçando a percepção e refinando o gosto médio de milhões de pessoas[6].

6   *Le forme del bello.*

A difusão do belo é certamente positiva, mesmo porque alimenta e torna crível a "promessa de felicidade"[7]. Promessa na qual todos temos necessidade de acreditar e que se realiza apenas na consciência de ser capaz de uma produtividade criativa reconhecidamente nossa; na capacidade de ser assim receptivos para perceber o mundo de modo diverso de como se representa; na experiência subjetiva de fruidor capaz de olhar com discernimento crítico efetivo o cativante acúmulo de manufaturados estéticos que agora povoam o nosso cotidiano doméstico.

[7] H. R. Jauss, *Apologia dell'esperienza estetica*.

5. Design, Estilo e Estilo Design

É preciso levar em conta, de modo absoluto, um fato: isso que nós chamamos design é um estilo, o estilo de nosso tempo.

MARIO BELLINI

Assim como resumir o design em uma definição única e compartilhada apresenta notável dificuldade, da mesma forma é controversa a determinação do lugar e da data de seu nascimento.

Como lugar de nascimento do design me parece que se possa indicar a Alemanha, mesmo se for preciso recordar a contribuição, embora não isenta de ambiguidade, dada pela Grã-Bretanha, sobretudo pelos já mencionados Ruskin e Morris; como seria também de se lembrar e descrever os contributos provenientes das experiências de muitos outros autores e países, entre os quais os Estados Unidos, que ofereceram exemplos e estímulos de grande importância para a história do design.

No que diz respeito à data, se poderia fazê-la coincidir com aquela da fundação da Bauhaus (1919) ou, mais corretamente, do Werkbund (1907) ou, andando mais para trás no tempo, com a publicação da *Briefe aus Philadelphia* (1876), a correspondência do engenheiro alemão Franz Reuleaux escrita dos Estados Unidos, que contam a sua visita à Exposição Internacional da Filadélfia, citada por Renato De Fusco[1].

---

1 Cf. *Storia del design*.

A correspondência do engenheiro Reuleaux testemunham a tomada de consciência precoce da Alemanha prussiana acerca do papel e da importância daquilo que hoje chamaríamos *industrial design*; uma tomada de consciência que vai amadurecendo por ocasião da rápida conversão da vitoriosa indústria militar prussiana, naquela possante máquina produtiva que, dali a pouco, se tornará a grande indústria alemã. De sua correspondência se compreende com clareza aquilo que observa De Fusco: "Que a questão da produção industrial ligada ao design tenha sido vista na Alemanha como um problema nacional se comprova, em grande parte, pela iniciativa e pela literatura sobre o assunto."[2]

Mas voltemos à correspondência do nosso engenheiro em missão exploradora nos Estados Unidos. Escreve Reuleaux:

> Efetivamente, uma parte não indiferente da indústria alemã é guiada pela ideia de fundo segundo a qual a concorrência é possível apenas abaixando-se os preços. Esquece-se, ou quase isso, que a outra via, manutenção do preço, mas, em troca, crescimento da qualidade, também está aberta e, comercialmente falando, consegue-se o objetivo. O industrial deve escolher entre um princípio e outro. A segunda via, que apenas poucos de nossos empresários praticam, mas que esconde o segredo de suas fortunas comerciais, é a única válida do ponto de vista industrial e de política econômica. Ela tem por consequência uma elevação constante não apenas da qualidade do produto, mas também da capacidade produtiva de todos aqueles que participam da produção.

E pouco depois acrescenta:

> Só há pouco tínhamos nos apropriado da tipologia inglesa dos utensílios, desenvolvendo-a em seu sentido próprio, e havíamos iniciado a proceder autonomamente nesse campo. Assim, estava nascendo um estilo alemão. Agora, no entanto, a América, com ideias completamente novas, desbancou a Inglaterra e nós, sem exitações, devemos nos adequar ao novo sistema, se não quisermos acabar arremessados para fora do mercado.[3]

De qualquer modo, retornando ao problema da atribuição de uma data de nascimento ao design, não obstante as muitas experiências e as numerosas e competentes intervenções

2 Op. cit.
3 Apud R. De Fusco, op. cit..

anteriores, em minha opinião é somente com a experiência da Bauhaus que se realiza a maior parte do trabalho essencial para a definição e a tomada de consciência crítica e teórica, e assim programática, de que precisa cada disciplina, sobretudo se nova, como muitíssimo jovem era então justamente o design.

Com seu encargo, senão com uma sobrecarga de ideologia, tendências e aspirações, com o seu oscilar do mais extremo comunismo espartaquista a certo idealismo alemão, um pouco sonhadora e utópica, a Bauhaus revelará a força de uma verdadeira matriz, capaz de influenciar por muitos anos, e de maneira bastante forte, os traços característicos do design, condicionando-o por longo tempo às direções teóricas e aos desenvolvimentos práticos.

A estratégia que Walter Gropius adota para permitir às suas ideias alcançar o sucesso é, ao menos em parte, análoga àquela estabelecida e posta em prática pelas vanguardas artísticas e culturais contemporâneas, constituída geralmente por literatos, poetas, pintores, músicos, escultores e artistas de vários tipos. Ele, de fato, justapõe a capacidade transgressiva de comunicar da nova linguagem e o protesto dos intelectuais, expulsos pelo *establishment* e deixados fora do sistema produtivo, à diligência didática institucional, vendo-se a Bauhaus inserida no debate ocorrido na Alemanha no início do século xx. Debate no qual se assiste ao confronto entre duas correntes distintas de pensamento pedagógico: de um lado, aqueles que queriam uma "escola do trabalho", fundada sobre o aprendizado e ligada à indústria; de outro, aqueles que defendiam uma escola tradicional "do livro", fundada prevalentemente no estudo e orientada para uma formação de tipo humanístico.

Escreve Gropius:

A transformação da produção manual em mecânica preocupou de tal maneira a sociedade durante um século que, ao invés de se empenharem em resolver os verdadeiros problemas do desenho, os homens, por longo tempo, contentaram-se com estilos imitativos e decorações convencionais. Esse estado de coisas finalmente acabou. Uma nova concepção construtiva, baseada sobre dados reais, se desenvolveu e, com ela, manifestou-se uma nova e transformada concepção do espaço.[4]

---

4   Apud A. Pansera, *Storia del disegno industriale italiano*.

Ele funda assim, sobre a premissa de que devem ser varridos os velhos estilos, aquele que foi, paradoxal, mas sagazmente definido como "Estilo Design". De qualquer modo, é fora de dúvida que, mesmo aqueles que não acreditam que o design tenha nascido com a Bauhaus, não têm dificuldade em reconhecer que, assim como nós o conhecemos hoje, ele deve muito às postulações teóricas e às elaborações práticas nascidas na Bauhaus de Weimar e depois aprimoradas em Dessau e na Hochschule de Ulm.

No mundo do mobiliário e da decoração, não obstante a presença dominante dos móveis de estilo, levemente arranhada a partir de meados do século xix, quando aparecem os primeiros móveis modernos, as teorizações inovadoras das escolas de design que acolhem e mobilizam intelectuais, arquitetos e artistas põem em causa hábitos secularmente arraigados. Mesmo quando não consegue a modificação das formas, o design obtém, entretanto, resultados excepcionais, que vão bem além das quantidades e dos valores dos móveis produzidos, conseguindo transferir para o mundo do estilo algumas técnicas características dos novos métodos de produção, o que é próprio do design introduzir. E conseguindo, com frequência aceitar a conveniência de transformar os critérios de reprodução e os processos de fabricação dos móveis de estilo, adequando-os às novas e melhores possibilidades oferecidas pela produção industrial. Algo que, justamente em virtude das prédicas dos mestres do design, mesmo os produtores de móveis de estilo aprenderam a produzir, segundo critérios industriais, móveis e objetos elaborados tradicionalmente, segundo os modos típicos do artesanato.

Sob o impulso enérgico da ideia guia do design, fortalecida na Itália graças à obra meritória de alguns pioneiros já lembrados, essa transformação também ocorreu no país e com ela outras modificações interviram para modificar profundamente o mercado de móveis e de decoração. A chegada dos móveis de design não comporta unicamente a transformação da oferta pelo aparecimento de produtos diferentes daqueles de estilo, seja formalmente, seja pelo fato de serem não apenas realizados em madeira, mas também em aço, vidro, alumínio, plástico e materiais de síntese de várias características; mas diferente também porque fabricados por meio de processos mais sofisticados.

Intervenções modificadoras ainda maiores foram realizadas nos campos da distribuição e do consumo, que passaram por uma transformação contemporânea àquela da organização produtiva. E isso aconteceu tanto com móveis propriamente de design quanto com móveis de estilo, os quais são, frequentemente, submetidos a severos tratamentos de reconcepção, a fim de permitir-lhes ganhar em competitividade.

Por fim, que se diga que a importância do design pode ser encontrada mesmo no fato de que a difusão dos móveis de design traz consigo uma carga inovadora, que modifica e reorienta tanto as convenções que regulam a distribuição e as relações que ela mantém com a produção, quanto as motivações para o consumo e as relações que ele mantém com o sistema distributivo.

∷ ∷ ∷

Compartilho a ideia de que se um crítico se limita a descrever aquilo que o circunda, que vê ou sente, sem, entretanto, afirmar o que pensa, faz moralismo e não honra a própria função de crítico. E agora creio ser oportuno e correto declarar e esclarecer, como procurei fazer e ainda farei nas páginas que se seguem, quais são as minhas opiniões e minhas ideias sobre os temas aqui tratados.

Considero, em primeiro lugar, que o luxo tenha sido injustamente penalizado no curso dos séculos por ter prevalecido um juízo que, com o passar do tempo, converteu-se em prejuízo, preconceito que acredito ser a expressão de um moralismo de matriz não apenas religiosa, mas igualmente laica.

Creio que, em consequência desse prejuízo infundado, subestimaram-se e se negligenciaram, de maneira culposa, alguns efeitos inegavelmente positivos inscritos no luxo, presentes, em particular, no âmbito da economia, mas não só aí; pois o luxo representou e ainda representa um motor extraordinário de pesquisa e de elaboração para a redefinição continuada de modelos sociais e econômicos. Creio, assim, que o luxo esteja se transformando, desenvolvendo-se em duas direções: a.

tornando-se preeminentemente intangível, mas permanecendo elitista, acessível quase que exclusivamente àqueles que sempre nele viveram; b. ampliando-se, graças à produção industrial, até permitir a um número crescente de indivíduos o acesso àqueles bens que sempre foram símbolos de luxo e, assim, tornando-se "social-democrático".

No que diz respeito ao gosto, julgo impossível assumir uma definição abstrata "objetiva", capaz de funcionar como parâmetro universal; ao invés disso, penso que ele deveria ser tratado na situação de valor individual e, portanto, subjetivo e desinteressado, no sentido kantiano do termo.

A formação da capacidade individual de exprimir um juízo estético não pode prescindir do conjunto dos valores pessoais e, portanto, creio que o verdadeiro gosto, assim como o verdadeiro luxo, têm ambos sede no "conhecimento" de cada indivíduo. Quem conhece bem a si mesmo e o contexto em que vive, quem sabe onde se encontra, de onde vem e para onde está indo, certamente será capaz, melhor do que outros, de expressar juízos estéticos mais confiantes e compartilháveis, realizando, ao mesmo tempo, escolhas que podem ser definidas e reconhecidas como de gosto. Estou convencido de que existe uma inter-relação de objeto e fruidor, pela qual a escolha de um objeto portador de uma aura de gosto, adquirida em outro lugar e em outro tempo, possa contribuir para qualificar um certo indivíduo como possuidor de gosto; assim como ser escolhido por uma pessoa de gosto renomado pode contribuir para que seja conferido a um objeto um valor de excelência, talvez até então considerado simples e privado de qualquer aura particular, o que é característica própria dos objetos de gosto.

Em suma, creio que o conhecimento representa o máximo luxo possível e, portanto, que aquele que não possui um conhecimento sólido não pode chegar ao prazer oferecido pela posse ou pela simples contemplação da beleza, e não possa adquirir o equilíbrio do bom gosto, pois incapaz de formular juízos estéticos críveis.

Enfim, se as condições internacionais não se deteriorarem ulteriormente, indo além dos limites que permitam e garantam uma convivência relativamente pacífica, considero que o design, o design italiano, possa encontrar um novo vigor para relançar-se, continuando a desenvolver um papel importante e melhorando a qualidade de móveis e decoração destinados aos espaços privados e coletivos de boa parte deste mundo.

Tendo-se isso como premissa, creio que para se retomar dever-se-ia, antes de tudo, recuperar o fio da meada do design, indo-se procurá-lo ali onde, na segunda metade dos anos de 1970, aproximadamente, começou a se emaranhar, por causa da contestação política e social que explodiu naquele período. Uma contestação que não poupou quase nada, e que fez sentir os seus efeitos mesmo no pequeno mundo dos objetos de uso doméstico, dos móveis e de outros elementos de decoração, aquelas pequenas coisas da vida cotidiana que os designers haviam começado a transformar e a renovar no início da década precedente. Foi assim que a recusa do consumismo nascente e da contestação da assim chamada sociedade afluente se manifestaram também como recusa de mercadorias e como oposição a qualquer processo que pretendesse favorecer o desejável e a difusão do consumo.

O ataque ao design fundamentalmente racionalista, ainda no auge naqueles anos, mas que já mostrava as primeiras rachaduras por falta de novas ideias, estímulos e direções, foi conduzido de maneira radical, utilizando-se da negação exagerada de tudo o que existisse e teorizando a necessidade de destruir na base um sistema acusado de estar a serviço do capitalismo imperialista que, naquele tempo, realmente estava dando péssimos exemplos de si, afundando miseravelmente, com muitas de suas esperanças e promessas, nos arrozais do Vietnã.

O movimento de oposição a tudo aquilo que pudesse identificar-se como manifestação do *establishment*, e que de algum modo reconduzisse ao poder ou a quem parecesse controlar-lhe o centro, pequeno ou grande que fosse, foi expresso e se concentrou de maneira particular no desenvolvimento de um trabalho crítico relevante, empenhado em teorizar a negação de toda a produção existente, de design ou de não design, considerada culpada de ser emanação direta de um contexto social e político que se pretendia negar e abater.

Se resultou bastante eficaz no plano intelectual, graças a uma bem conduzida campanha de crítica ao sistema, o movimento não o foi, todavia, no plano da exemplificação e da realização práticas, que nunca conseguiram, apesar das várias tentativas, ir além do estágio de alguns catálogos coloridos, protótipos de peças às quais era entregue a tarefa de exercer da didascália provocatória ao prato forte – constituído pelo imponente aparato crítico, desencadeado contra o ainda frágil contexto do designer, das empresas e de toda a nova porção de mercado que houvera, desde então, se desenvolvido ao redor da ideia de design.

A montanha de palavras deu à luz um ratinho, ou antes, dois, Alchimia e Memphis. Duas iniciativas empresariais similares, ambas organizadas em forma societária, que, no entanto, não chegaram a se desenvolver economicamente, porquanto jamais conseguiram entrar verdadeiramente na realidade concreta do mercado. Todavia, se mostraram – Memphis melhor do que Alchimia – poderosas máquinas da guerra virtual, pois que certamente conseguiram inibir posteriormente o já desnorteado mercado do design, influenciando os desenvolvimentos sucessivos e, paradoxalmente, conduzindo-o à farra de mercadorias dos opulentos anos de 1980. Os protótipos de Memphis e o debate que, exaltando-lhe a independência dos esquemas de design, acompanharam sua promoção, ofereceram à Milão daqueles anos um cenário cultural inebriante. Um cenário que teve, por certos aspectos, a função de álibi e de fundo à "Milão para beber", que efetivamente bebia, comia, se dava grifes e se decorava sob o signo de uma riqueza quase sempre nascida muito rapidamente e, por isso, sem profundidade interna, mas por assim dizer, apenas *tangencial* ao sistema.

Não só por causa dos preços exorbitantes, o mercado recusou os antiprodutos totens, provocadores e coloridíssimos, os *alchímicos* e o *memphíticos*, sempre esplendidamente apresentados em mundaníssimas festas, mas que permaneceram fora do sistema de mobiliário e decoração. Entretanto, mesmo desde a sua primeira aparição, eles gozaram do apoio privilegiado de muitíssimos testes, postos em circulação graças ao trabalho crítico desenvolvido naqueles anos que apregoavam a negociação da produção; podendo assim contar com grandes vantagens oferecidas pela amplificação virtual garantida pela imprensa, e não apenas a de setores, toda ela unida para celebrar as riquezas dos testes *alchímicos* e para publicar as fotos dos inefáveis ícones *memphíticos*. Além dos escritos críticos, a contestação da produção existente foi, com efeito, confiada a peças únicas, quase todas protótipos de séries pequeníssimas, de formas e cores provocativamente improváveis, concebidas com a intenção de negar os valores de um design considerado servil ao contestado "sistema".

Tratava-se de produtos caracterizados por uma explosiva carga trocista ou sarcástica, frequentemente fabricados com desleixada negligência, mas sempre exemplificativos da ideia-guia do movimento, ideia de que o verdadeiro valor das mercadorias não residia na sua capacidade de ser funcional, mas na capacidade de se fazer desejada, solicitando antes e respondendo depois aos sonhos, mais do que às necessidades das pessoas. Uma ideia totalmente diferente que peregrina e hoje se faz guia de boa parte das melhores empresas de mobiliário e decoração. De outro lado, naqueles mesmos anos se manifestava, mesmo nas artes visuais em geral, a tendência a justificar a negligência, recorrendo antes a um programa abstrato ou a um punhado de conceitos.

Julgo que se deva debitar ao movimento crítico que primeiro levou ao nascimento, e assim sustentou Alchimia e Memphis, numerosas e relevantes responsabilidades encontradas mesmo nos eventos posteriores. Ele provocou danos e atrasos na evolução e crescimento do design italiano; atrapalhou muito e transformou pouco o mercado; iludiu os jovens, deixando-os acreditar que o design fosse não uma profissão, mas uma prática de artista, uma atividade livre, na qual, para se prevalecer, fossem necessários talento e criatividade, mas, sobretudo, descaramento, avalizando com isso a vã esperança que logo se pudesse tornar famoso como Picasso, mesmo sem saber desenhar como Ingres e pintar como Velásquez. Esquecendo ou ignorando que Picasso se tornara bastante cedo capaz de desenhar como Ingres e pintar como Velásquez, graças ao próprio gênio, mas, principalmente, graças a um duro e rigoroso aprendizado. Sem o qual nunca poderia tornar-se Picasso.

A profundidade do dano é ainda hoje perceptível. Basta pensar nos resultados daquelas derivações epigônicas, sustentadas por empresários ingênuos ou de boa fé, para um design entre o caricatural e o teratológico, que existem em forma de monstrinhos antropomórficos e que ainda afligem o mercado, agradando e estupidificando os desnorteados compradores.

Se o *furniture design* arrastou o mercado inteiro de móveis e de decoração até a posição de *leadership* mundial que hoje ocupamos, isto ocorreu apesar e não graças aos produtos de Alchimia e de Memphis, ou àqueles nascidos à sombra das várias modas pós-modernistas, minimalistas ou, mais recentemente, nos canais de um antropomorfismo astuto e embaraçante.

É preciso estar ciente de que o design dos Bellinis, dos Scarpas, dos Magistrettis, enquanto produziu uma grande quantidade de artigos bastante vendáveis, portadores de qualidade e de inovação, contemporaneamente produziu pouquíssimos textos escritos, programáticos ou de reflexão crítica a respeito do modo de fazer de seu tempo. O contradesign dos Branzi, dos Mendini e dos Sottsass, ao contrário, mesmo se em comparação, criou não muitos artigos e com vendas insuficientes, foi bastante prolífico na realização de um aparato crítico de grande dimensão. E o novo verbo resultou tão convincente para permitir a Mefistófeles-Branzi convencer até Bellini-Fausto a colaborar, conseguindo envolvê-lo, junto com muitos outros, na ascensão aos paraísos didáticos do design-versão-Domus Academy.

Apesar de tudo, que se reconheça o fato de que foi também, se não principalmente, graças ao trabalho crítico dos promotores de Alchimia e Memphis que os fermentos de transformações políticas e sociais, presentes nos fins dos anos 1970, conseguiram caminhar no mundo do design, abrindo-o para uma maior consciência crítica acerca dos problemas postos por aquele processo ambíguo de crescente mercantilização ainda hoje em curso.

Em um tempo, eram o trabalho, as instituições a fornecer identidade (sou um professor, um operário). Ou as ideologias (sou comunista, sou católico). Hoje, as nossas identidades (sempre mais parciais) encontram alimento nos atos de consumo [...] Há quem ainda lamente o atual como um tempo "materialista": órfão de valores, apenas consumiremos coisas. Nada mais falso. Nós nos nutrimos de ideais, de fantasias, ilusões, símbolos, sonhos, desejos. Coisas altamente imateriais. As divindades contemporâneas têm a forma de automóveis com dezoito *air-bags*. Os milagres fazem-nos os cremes antirrugas. Os santos dão nome às águas miraculosas. O transcendente está em toda parte. Bem o compreenderam os fundamentalistas de todas as latitudes, que temem o consumismo como o pior dos contágios. Não é o laicismo, é a concorrência impiedosa da divindade do mercado que os ameaça. Deus é onipotente, mas pode escorregar com um sabonete. Pois consumimos a alma das coisas. Não as coisas.[5]

Apesar disso, creio que, de algum modo, o design ainda possa contribuir para fazer avançar a social democratização do consumo, fornecendo ao mercado produtos que, embora fabricados com materiais não preciosos, possam ser identificados como produtos de qualidade e até mesmo de luxo.

E acredito que o design possa também sempre fornecer novos parâmetros culturais, úteis para a formulação de juízos estéticos alinhados com as transformações de um gosto que vá se atualizando continuamente, na busca de uma harmonia com o progredir dos tempos e dos costumes.

---

5   E. Bonomini, Metafisica della saponetta, *Ottagono*, n. 153.

6. Distribuir o Design

> *A organização tende a ver-se mais
> apropriadamente como quem faz coisas
> do que quem satisfaz as necessidades dos clientes.*
>
> THEODORE LEVITT

Como já vimos, com a chegada do design na cena do mercado, precedentemente ocupado apenas com móveis de estilo, não apenas muda o aspecto dos produtos, mas mudam os negócios que esses produtos vendem, mudam as relações entre produtores e comerciantes, e entre comerciantes e adquirentes, os quais, depois, mudam seu gosto e comportamento.

Antes que os móveis de design aparecessem, a distribuição dos móveis então existentes no mercado, isto é, dos móveis de estilo, ocorria segundo procedimentos tradicionais e consolidados que uniam as empresas produtoras a seus negociantes-revendedores. Operava-se numa ausência quase total de comunicação, estando a publicidade ainda em seus inícios: razão pela qual o comerciante desenvolvia a função por mim atribuída àquele que defini como "mercador", vale dizer, comunicador único dos manufaturados, selecionador e informante exclusivo de uma clientela de potenciais compradores, atraídos por suas vitrinas e renome na exposição das mercadorias, mas também por sua disponibilidade, capacidade e competência.

Tratando-se de móveis de estilo, o vínculo representado pela presença de estilemas sempre iguais nas diversas peças constituintes da decoração dos vários aposentos resultava fortíssimo. De modo que aquilo que o negociante adquiria e depois revendia era constituído não de peças unitárias, mas antes de "quartos", de "salas", de ambientes inteiros, realizados mediante a aproximação de móveis escolhidos conforme modalidades imutáveis, ratificados no tempo e tornados canônicos, reconhecidos. A sala de jantar: mesa e cadeiras, aparador, contra-aparador e cristaleira; quarto de dormir: cama, mesa de cabeceira, armário e gaveteiros, com ou sem espelho; a sala: divã com três lugares, divã com dois lugares e uma ou duas poltronas, com ou sem pufe. O comerciante quase sempre comprava à vista, ao melhor preço que conseguia obter, e depois revendia, quase sempre a prestações, a um preço fixado apenas por ele, sem qualquer interferência da parte do produtor-fornecedor. Com a chegada inesperada ao mercado dos móveis de design, essa modalidade entrou em crise e rapidamente cedeu passo a novos critérios que registram e sancionam o crescimento da relativa importância do produtor com respeito ao mercador, com a consequente e rápida passagem deste último ao papel bem mais modesto, ainda que aparentemente mais cômodo e remunerativo, de "comerciante". Porque a empresa do produtor industrial tem, quase sempre, dimensões maiores do que aquelas de seu cliente-negociante e, portanto, goza da vantagem de uma maior possibilidade financeira. Mas também, e sobretudo, porque os tempos mudaram e o produtor industrial dialoga diretamente com o público dos compradores potenciais por meio da publicidade, atraindo assim mais e novos compradores que encaminha para as lojas de seus revendedores, aos quais, porém, impõem um preço ao público, ditando assim as condições de venda que regulam a relação.

Assim sendo, o negociante não luta mais com o fornecedor para obter, no momento da compra, o melhor preço possível, mas se limita, caso lhe seja consentido, a negociar um desconto maior sobre o preço imposto pelo produtor e que ele deverá aplicar no momento da venda ao público, sob pena de não ter mais fornecimento de mercadorias. E isso também se, formalmente, o preço de venda ao público devesse ser prerrogativa exclusiva do negociante. Para ele, a mercadoria se torna importante independentemente da qualidade, mas apenas porque ela é mais requisitada ou ambicionada por aqueles que entram em sua loja e não condicionam a escolha fazendo um explícito pedido desse ou daquele produto. Um pedido que pesa frequentemente como espécie de chantagem sobre a cabeça do negociante, principalmente quando ele conhece o modesto valor relativo dos produtos que lhe são solicitados pelos que se deixaram levar pela publicidade do produtor, ignorantes do valor efetivo.

No momento em que o negociante abdica de seu papel de comprador seletivo e de garante de sua clientela, e decide fazer-se vendedor de produtos que não conhece, ou pior ainda, que sabe serem medíocres, e o faz só porque, sendo procurados se tornam mais vendidos, deixa, assim, de agir como um mercador, regredindo ao papel bem mais modesto de comerciante: um papel gregário e mortificante do ponto de vista profissional, pois o subordina ao poder e o expõe ao arbítrio dos produtores, sendo realmente arriscado em função da perda de controle e de poder econômico que comporta. Mas convertendo-se em comerciante, o revendedor deixa de ter um depósito com estoque das mercadorias que pretende revender, como todo mercador digno deste nome sempre houvera feito, limitando-se a pedir só depois de haver-lhe vendido, comprando e expondo só "mostruários" e vendendo, portanto, "seu tipo de amostra" e, muito frequentemente, somente à base de fotografias de catálogos da empresa produtora. Em conclusão, enquanto o mercador antes comprava e depois vendia, o comerciante primeiramente vende e depois compra.

Parece-me oportuno observar como, para quase todos aqueles que seguem o crescente sucesso de certa Grande Distribuição Organizada e que assim conhecem esse sucesso bastante significativo da Ikea*, parece passar despercebida a importância capital de que se reveste a recuperação do valor positivo representado pela estocagem e, portanto, da possibilidade de entrega imediata da mercadoria exposta ao cliente, que funciona como incentivo determinante para a compra. Com relação a esse problema, a Ikea age como um neomercador, reconstituindo o antigo e abandonado hábito de fazer estoque e poder garantir a pronta-entrega. Este ponto joga um papel não

---

* Ikea: empresa sueca conhecida por projetar e vender móveis prontos para serem montados pelos consumidores. (N. da E.)

inferior àquele desenvolvido pela qualidade do desenho e a conveniência do preço.

De importância talvez ainda maior são as transformações que, graças ao design, intervieram no consumo e agitaram profundamente a práxis que regulava há tempos imemoriais as relações intercorrentes entre negociantes e compradores finais, antes de que estes, empurrados pela onda da revolução do consumo, se convertessem em "consumidores".

Quando os compradores ainda não eram definidos como consumidores, termo feio para indicar aqueles que adquirem, baseavam sua escolha preferencialmente sobre informações e conhecimentos a eles transmitidos pelo mercador de confiança. Prevalecia ainda a credibilidade do negociante, vizinho, confiável e conhecido, mais do que a do fabricante, longínquo, inconfiável e desconhecido; de modo que, falando dos móveis da própria casa, se dizia tê-lo comprado "de", diferentemente de, como hoje se usa, ter escolhido "tal" produto. Em suma, num mercado quase desaparecido, de algum modo, mesmo quando resiste, regride e deixa de ser a garantia que, na linguagem comum, lhe atribui a paternidade dos móveis comprados.

O comportamento do consumidor moderno se desenvolve e se transforma com rapidez, em virtude – ou se deveria dizer, por culpa – do bombardeamento de informações que se torna o epicentro, mas também graças à milionária contribuição de todos os erros dos próprios compradores, aquilo que poderíamos definir como uma espécie de *learning by buying*, um aprender comprando. Sendo sinceros conosco mesmos, bastaria pensar nas muitas compras descuidadamente efetuadas ou, mais simplesmente, bastaria abrir nossas gavetas ou revistar nossos armários, cheios de coisas nunca usadas e jamais vestidas; bastaria olhar pela casa, no depósito e na casa de veraneio, quase sempre repletos de coisas inúteis, adquiridas sem uma necessidade real e sem motivo verdadeiro.

No fundo temos todos um pouco a sensação de sermos vítimas polidamente manipuladas e consentidoras do Grande Irmão Publicitário, muito menos interessado, ao menos aparentemente, em servir aos nossos interesses e desejos, mais e melhor do que o fazia o velho mercador de confiança, que no fundo agia um pouco na mesma situação do médico de família.

Salvo se depois se descobrisse, como aconteceu a muitos, que o mercador de confiança nos havia ludibriado por gerações, assim como o médico de família havia acumulado mais de uma responsabilidade, constante do código penal, na gestão da saúde de numerosos membros do núcleo familiar, que confiante e incautamente confiaram em seus cuidados.

Para nos consolarmos, que se recorde, no entanto, como compensação pelo desarranjo e pelo dano, ainda que apenas psicológico, causado pelo desaparecimento dessa figura tranquilizadora, que nos Estados Unidos e em outros países o consumidor já está há muitos anos salvaguardado dos riscos de compras ingênuas, por meio de novas regras comerciais que o protegem de si mesmo, permitindo-lhe, por exemplo, restituir a mercadoria incautamente adquirida, desde que em boa condição, com a exibição da nota comprovante de compra, e sem fornecer razões ou justificativas pela mudança de ideia.

Entre as muitas mudanças que intervieram nos hábitos de aquisição de móveis e de objetos de decoração em geral, sublinhe-se o novo critério, mais livre, com o qual se escolhem, se compram e se conjugam os elementos constituintes do mobiliário de uma casa. Essa atitude de maior liberdade nasce justamente do encontro dos consumidores com o móvel e a decoração de design, que se apresenta no mercado dividido em "peças", ao invés de "ambientes", como ocorria e ainda acontece no mundo dos móveis de estilo. O hábito ao qual aludi anteriormente, o de comercializar fazendo-se referência a uma lista de preços ao público, herdado da empresa produtora, afirmou-se largamente, contribuindo, ele também, para modificar os costumes enraizados no mundo dos móveis de estilo.

Mesmo o uso de deixar ao produtor a definição dos preços ao público permanece, apesar de uma deliberação da Comunidade Europeia ter estabelecido, já faz muitos anos, que os preços ao público podem ser fixados apenas pelo negociante-revendedor. Por isso, os preços estampados pelos produtores em suas listas não devem mais ser entendidos como impostos, e sim sugeridos, mesmo se permanecem obviamente como sugestões expressas sob a competência dos responsáveis pela distribuição das empresas produtoras, os quais bem sabem como e o que fazer a fim de que as suas "sugestões" sejam respeitadas.

Além do mais, a ruptura da velha relação que os compradores haviam legado aos seus mercadores de confiança abriu novas vias informativas, que são, ao contrário de antes, verdadeiras e apropriadas autoestradas telemáticas, combinando conhecimento e hábitos.

※ ※ ※

Nos fins dos anos de 1970, o mercado foi sacudido por um verdadeiro terremoto que fez desabar a pirâmide que por anos havia representado a figura geométrica de referência para o corpo social. Uma representação que subdividia os consumidores segundo parâmetros que faziam referência à renda anual em faixas alta, média e baixa, mas que não consegue mais representar uma sociedade na qual os consumidores romperam os obstáculos que os prendiam e tornavam facilmente previsíveis os seus comportamentos[1].

Desapareceu, como por encanto, a simetria entre as diversas faixas de renda e o previsível paralelismo nos comportamentos de compra. Enquanto por decênios aconteceu de os consumidores de faixa alta se encaminharem para as lojas de faixa alta, para comprar produtos da alta classe, os de faixa média se dirigirem para lojas de classe média, e assim por diante, a partir dos finais dos anos de 1970 isso não aconteceu mais. Os parâmetros de referência sobre os quais os responsáveis pelo marketing das empresas tinham baseado suas projeções ,com a tranquilidade com que se fazem as coisas que se dão por certas, deixam de ser utilizáveis e perdem de repente valor. A imagem da pirâmide social primeira se afasta, desfocando-se, e depois se desmancha até desaparecer, substituída por uma forma não geométrica e instável, que se assemelha a uma pirâmide de sorvete que está se derretendo ao sol, dando lugar a uma forma no interior da qual se entrelaçam e se confundem, sobrepondo-se entre si, as formas ameboides que representam os novos grupos de cidadãos-consumidores, nos quais se vai fragmentando e subdividindo-se o corpo social. Para substituir as antigas e relativamente homogêneas classes de referência socioeconômica aparecem novos

---

1 Fonte: Banca d'Italia, *I bilanci delle famiglie italiane nell'anno 1991*. A relação repartia o consumo como segue: faixa alta, 13,5%; faixa média, 51,5%, faixa baixa, 35%.

grupos de pessoas, caracterizados por uma homogeneidade não só referente à renda, mas antes de tipo sociocultural: os integrados, os afluentes, os emergentes, os conservadores e outros tantos; todos distinguíveis por elevadas mobilidades vertical e horizontal e pela recusa em respeitar as velhas regras, nas quais o modelo clássico os havia constrangido. Nesses grupos são colocadas etiquetas coloridas de reconhecimento pelos sociólogos, que aludem e restituem suas matrizes comportamentais e sociológicas de maiores características[2].

É fato que o consumidor dos nossos dias já adquiriu uma competência nova e diferente, tendo aprendido a movimentar-se melhor no interior do sistema, através do qual ele intercepta e percebe a oferta. Um sistema no qual convivem novas e velhas modalidades, novos e velhos produtos, costumes e modelos de habitar, assim como coisas produzidas por artesãos caseiros e outras produzidas em países longínquos e fabricadas com materiais e técnicas antiquíssimas ou novíssimas, mas, de qualquer modo, pouco conhecidas. Muitas vezes, esse novo consumidor, leitor e viajante onívoro, suplanta em conhecimento e informação o negociante ao qual recorre para comprar, e isso se registra com bastante frequência no setor a que fazemos referência, sobretudo se olharmos as faixas altas do mercado. Por outro lado, era fatal que assim ocorresse, dada a inércia culposa da maior parte dos comerciantes, bem longe das tradicionais atitudes de seus pais mercadores, de viagem e pesquisa. Pois deve-se recordar que os mercadores eram essencialmente pesquisadores e compradores itinerantes, enquanto os comerciantes se qualificam sobretudo, na melhor das hipóteses, como vendedores e são, fundamentalmente, estabelecidos: vendedores com frequência preguiçosos pela facilidade de ganhos conseguidos, sem méritos e correndo pouquíssimos riscos.

Frente a um consumidor potencial que, como já disse, pertence à faixa mais alta do mercado, e se apresenta sempre mais informado, porque no arco de um ano viaja a trabalho ou por prazer, visitando muitas cidades na Itália, na Europa e além-mar, encontramos um negociante que se desloca apenas para ir visitar o Salão do Móvel de Milão e, talvez, aquele de Colônia. Mas mal

2 G.P. Fabris, *Le otto Itale*.

visitando ambos, dirigindo-se apenas ao estande da empresa que já é sua fornecedora, olhando superficialmente e sem vontade os dos expositores que não conhece, permanecendo assim privado de informações atualizadas e de primeira mão, devendo depender de maneira quase total do que lhe contam e mostram os representantes durante suas visitas periódicas. Essa nova e um pouco paradoxal situação não foi, porém, ao menos até agora, privada de resultados positivos. Que se pense no sobressalto que todo o sistema econômico produtivo teve que absorver por causa da nova autonomia de julgamento e, assim, de compra, expressa pelo novo consumidor que apareceu na cena do mercado no fim dos anos de 1980. Depois de muitas décadas, durante as quais a orientação e a escolha do mercado foram determinadas pela aliança entre produtores e designers a seu serviço, para serem depois sucessivamente impostas aos consumidores por meio do martelamento midiático e publicitário, unida à obsequiosa mediação dos negociantes, a partir dos primeiros anos de 1990, as coisas mudaram notavelmente.

Preconizando o advento, em 1989, eu havia pintado o novo consumidor como um hedonista virtuoso: hedonista enquanto elaborador de um projeto próprio de consumo, e virtuoso na dupla acepção do termo, que reenvia ao virtuosismo de um Paganini, mas também ao exercício fraterno da virtude de um São Francisco de Assis. Com efeito, pouco mais de dez anos, como se de repente o vento tivesse mudado a direção, são os consumidores a ter a bola e usá-la para condicionar e influenciar produtores e designers, por meio da recusa das mercadorias presentes nas lojas e pela explícita procura de outros produtos, outros preços e outras modalidades de distribuição e de comunicação. Obviamente, a partida continua e está mais aberta do que nunca, mesmo se registrando o aparecimento em cena de um novo consumidor, menos obsessivo pela obrigação de consumir, mais eclético e melhor equipado para defender-se das tentativas de manipulação e de orientação, mais ou menos forçada, que os meios publicitários mais invasivos e sofisticados põem em ação. Apesar disso, um consumidor que tomou consciência dos limites estruturais que condicionam as suas escolhas no mercado, como aquele do mobiliário, em que os gestos de compra se medem por três ou quatro no arco de uma vida.

O que equivale a dizer que a ignorância do comprador de decoração é garantida pelo fato de que compra muito poucas vezes para poder aprender comprando: mas também pelo fato de que os longos intervalos entre uma aquisição e outra determinam geralmente mudanças também profundas tanto na demanda – mudanças na composição do núcleo familiar, nos gostos, nas preferências – quanto na oferta – novos móveis, novas cores, novos materiais – de maneira a tornar certamente superados os poucos conhecimentos adquiridos durante as aquisições precedentes.

Nesse quadro de modificações preconizadas pelo advento de um consumidor hedonista-virtuoso, quase um messias, que meu otimismo natural me estimula a julgar possível e auspicioso, um leitor atento e amigo introduz um elemento de ceticismo provocante e sarcástico, que me colocou em guarda por confiar muito na crença de que o número de rachaduras possa diminuir, enquanto continua a crescer o número de viventes. Mesmo se supondo que seu ceticismo tivesse fundamento, é fato que há alguns anos a mudança das pulsões e das motivações dos consumidores para a compra influenciou fortemente o comportamento e as transformações da rede distributiva, que, além do mais, teve que registrar nos últimos anos a chegada das grandes cadeias internacionais de móveis, assim como o desenvolvimento e a afirmação de algumas iniciativas nacionais, inspiradas também nas regras da GDO.

Deve-se assinalar, enfim, como signo de mudança, o gradual sumiço, no interior das tantas lojas que distribuem móveis, da separação rígida entre móvel de estilo e contemporâneo e de design, pelo que se assiste à formação de novas agregações merceológicas, inspiradas principalmente em uma homogeneidade qualitativa e diacrônica, antes do que estilística e sincrônica. Vale dizer que se assiste ao crescimento do número de lojas nas quais a oferta abraça estilos diversos, mas homogêneos pelo nível qualitativo, deslocando-se do móvel de antiquário ao de design, e passando pelas reproduções contemporâneas de móveis de estilo.

O conjunto de todos esses elementos reclama a elaboração de um modelo específico de marketing, um marketing que gostaria de chamar de "presunçoso", pois é baseado sobre a legítima presunção de que distribuir produtos de design, sobretudo se se trata de elementos de mobiliário e decoração, ambos portadores de valores simbólicos prevalentes, porque mais fortes do que os funcionais, não deve e não pode ser feito com as mesmas modalidades que se usa para registrar e gerir a distribuição de detergentes, sabonetes, dentifrícios e roupinhas. Ao invés disso, me parece extremamente oportuno aprender a ser, mesmo no marketing, criativamente atento e sensível às peculiaridades dos produtos de design, interpretando suas exigências de distribuição e de comunicação, e trazendo todas as mudanças e inovações para as técnicas de marketing, ajustadas principalmente com base em experiências feitas em outros contextos, que são fundamentalmente aquelas do grande mercado dos produtos de consumo, onde o marketing nasceu e deu seus primeiros passos e onde ainda melhor experimenta e exercita o próprio papel de análise e de pesquisa.

7. Furniture Design e Fashion Design

> *A beleza não é senão uma promessa de felicidade.*
>
> STENDHAL
>
> *Ninguém nunca disse que a promessa tenha sido mantida.*
>
> PAUL-JEAN TOULET

A palavra design já encontra hospitalidade com frequência crescente até na linguagem dos políticos e é encontrada muitas vezes mesmo nos discursos de ministros e secretários de Estado: isso poderia induzir a preocupações e suspeitas, visto que o mundo do design não dispõe de um *lobby* nem controla ou esconde, sabe-se lá onde, um reservatório de votos de particular interesse, ou que pudesse ser visto com surpresa e otimismo.

O fato é que, num nível menos elevado e ambíguo daquele do político – o nível do homem de rua e daquela sua companheira que é a dona de casa à Voghera* –, quase todos sabem hoje alguma coisa de design, ouviram falar dele, viram ou mesmo compraram uma lâmpada, um móvel ou um objeto feito naquele "estilo design", que a partir de agora caracteriza grande parte da produção dos elementos de mobiliário e decoração italianos, vale dizer, aquele conjunto de móveis, lustres, objetos, acessórios, tecidos e outros, que contribui de modo crescente para equipar e embelezar os espaços domésticos.

Logo se deve também assinalar dois fatos que representam os limites entre os quais se desenvolve o design italiano do

---

* No original, *casalinga a Voghera*: Estereótipo, figura que representa a dona de casa média (N. da T.)

mobiliário. O primeiro diz que o sucesso do *italian furniture design*, a despeito de sua crescente relevância econômica e mais ainda cultural, parece mais virtual do que real, dado que a esmagadora maioria do mercado permanece solidamente ancorada naqueles móveis que se inspiram na reprodução de modelos retomados da tradição e dos estilos clássicos. O segundo nos lembra de que os limites do termo design permanecem longe de uma definição aceitável e compartilhada, visto que, não faz muitos anos, outros 80% de quase dois mil adquirentes de uma sala de visitas em couro da série Divani & Divani, do Grupo Natuzzi, perguntados na saída da loja sobre as razões que lhe haviam induzido à compra, responderam com embaraçante segurança de ter sido "pelo design" (sic!).

De qualquer modo, não obstante a cota de mercado que se obtém somando-se os valores da produção do design original, aos valores daquele que podemos definir design de "inspiração" e aos valores inscritos como design de "imitação" ser provavelmente inferior a um quinto da produção, e se bem que seus limites resultem extremamente incertos, o design de móveis e de decoração permanece, junto com a moda, um dos motores mais autênticos e reconhecidos do nosso sistema econômico. Ele, de fato, representa uma verdadeira e justa bandeira da Itália moderna e progressista que, justamente graças ao design e à moda, não pode mais ser resumida e descrita fazendo-se recurso aos costumeiros e velhos *leitmotive* da pizza, do espaguete *al pomodoro*, bandolins ao clarão da lua, monumentos e sítios históricos e arqueológicos, à doçura da paisagem, ao clima – estereótipos hoje inadequados mesmo se estavam e permanecem como únicos no mundo.

Certo, continuamos um país fortemente caracterizado por uma acentuada presença de paisagens naturais e de obras humanas que remetem com frequência à ideia de beleza, uma ideia que com o tempo transferiu-se e como que biologicamente radicou-se em seus habitantes, transformando-se numa propensão particular ao belo, e depois tornada uma verdadeira atitude. Atitude que se manifesta e se repete também através dos êxitos obtidos no mundo inteiro pelo sistema da moda e do móvel de design.

A confirmação disso está no fato de que a Itália, há anos, é o país que mais exporta móveis no mundo, mesmo não sendo aquele que mais o produz em absoluto, dado que a nossa produção nacional resulta inferior não apenas à dos Estados Unidos, como à da Alemanha. E no interior desse grande fluxo de mercadorias exportadas, os móveis, os lustres e os objetos que se podem definir "de design" funcionam como propulsores e de atração para toda a parte restante da produção mobiliária "de estilo" que, como dizíamos, prevalece largamente, seja em quantidade, seja em valor.

Infelizmente, ainda hoje, quando se fala em design, devemos nos contentar com avaliações empíricas e de estimativas aproximadas, enquanto a evolução e o desenvolvimento do design no interior do setor de móveis e decoração requereriam não apenas a contínua atualização quantitativa de dados estatísticos, essenciais para se analisar e explicar a economia do mobiliário, mas também a separação e a evidenciação de valores relativos apenas às peças – móveis, lustres e objetos – classificadas como "de design", subdividindo-as conforme uma disposição capaz de ordenar a grande variedade qualitativa de escolas e tendências, de modo a permitir finalmente uma mensuração quantitativa, seja no conjunto, seja em suas partes constituintes.

Porque, se é verdade que o design é também um fenômeno cultural, apesar disso continua a ser um fenômeno fundamentalmente econômico: por isso, seria oportuno conduzir uma pesquisa a fim de apurar e medir a importância numérica da economia do design no interior do mercado de móveis. Tratar-se-ia de selecionar e classificar no papel a produção mobiliária, a partir dos catálogos das empresas ativas em projetos e produção de artigos de design, subdividindo-as em três categorias, por exemplo: design original e de pesquisa; design interpretativo e de inspiração; design imitativo e de reprodução. Integrando depois a pesquisa a um certo número de entrevistas, de tipos diferentes, para um grupo escolhido de encarregados do trabalho, mas também para um universo representativo de consumidores.

:: :: ::

Se devemos, pois, protelar para uma próxima e prometedora pesquisa as avaliações quantitativas, em peças e valores, da produção *design oriented* a respeito da produção italiana em sua totalidade, nada nos impede de nos dedicarmos à análise e reflexão sobre qualidades específicas, partindo das implicações sociológicas e culturais que o design traz consigo, em virtude de sua poderosa contribuição à transformação dos hábitos cotidianos, dos estilos de morar e de vida do corpo social.

Mesmo sendo uma disciplina relativamente jovem, o design se apresenta hoje como um fenômeno bastante complexo, que põe em relação problemas e aspectos diversos, atinentes à estética, à economia e à sociologia, e depois a matérias mais prosaicas tais como a comunicação e o marketing.

Já acenamos para o local e a data de nascimento do design e sublinhamos o papel quase metaprojetual desenvolvido na *Bauhaus*, tanto como expressão didática inovadora de um movimento político e cultural que toma a forma de escola, entendida como trâmite entre o pensar e o fazer, entre estética e indústria, quanto como lugar no qual se discutem, se estudam e se fazem projetos com a intenção de melhorar a produção industrial; e também como lugar empenhado na definição de uma teoria, de um código e de uma práxis. Mas se é verdade que o design dos inícios, ocupando-se sobretudo com o modo de enfrentar e resolver os problemas da produção industrial, permanece no âmbito da economia, também é verdade que inicia quase imediatamente a se interrogar sobre seu papel social e cultural. E desenvolvendo-se, sempre ampliou o campo de interesse e de intervenção, passando a ocupar-se, além do projeto de produtos, também de sua apresentação, da comunicação, da distribuição e do consumo. É útil e oportuno, assim, levar adiante a reflexão sobre o fenômeno do design, convertido, em pouco menos de um século, em ator e motor de uma transformação econômica, sociológica e cultural que gerou aquilo que, sem ênfase, pode ser definido como uma nova fenomenologia do cotidiano.

Em virtude justamente da complexidade alcançada pelo fenômeno do design, a reflexão não pode limitar-se ao exercício crítico das características formais e materiais dos objetos e sobre as especificidades dos diversos modos de sua produção. A nova crítica sobre o design deverá certamente continuar a se ocupar, como tradicionalmente o fez, dos eventos relativos à produção, seja àqueles internos à fábrica, seja aos desenvolvidos, terceirizadamente, em locais diferentes e, algumas vezes, longínquos; assim como deverá continuar a indagar sobre as relações entre projeto e produção. Mas deverá também analisar e estudar os eventos externos à fábrica e inerentes a todos os aspectos relativos à distribuição, à comunicação e ao consumo.

Enfrentar o design na complexidade de sua fase madura significa, além disso, fazer a análise e a crítica do produto, para enfrentar exatamente a nova dimensão fenomenológica, bem como, ainda, a análise e a crítica do mercado e de todas as infinitas implicações e reações provocadas pelo encontro de todas as mercadorias "de design" com os compradores e usuários finais.

Será preciso, portanto, continuar a estudar os itinerários que o produto segue no interior da unidade produtiva, do esboço ao desenho executivo, das diversas fases do protótipo até o produto, assim como será definido no momento em que será liberado para a produção e enviado ao armazém dos produtos acabados. Mas será preciso também estudar os itinerários que o produto segue no interior do mercado, na longa viagem que o leva do armazém da fábrica até as moradias dos utilizadores finais, através de todas as transformações e passagens intermediárias, mais ou menos projetadas e criativas, resultantes da intervenção dos encarregados do marketing, da distribuição e da comunicação, sem esquecer da intevenção, às vezes surpreendente, introduzida pelo próprio consumidor.

E, para finalizar, será necessário estudar os efeitos, os reflexos e as transformações que o produto de design determinará sobre o grande público dos usuários, por seu contato de prestação de serviço e utilização, mas sobretudo estético; seja nos grandes espaços comuns e abertos à vida coletiva, seja nos espaços individuais, fechados e privados das moradias. Pois é evidente que os produtos, durante sua existência, e no curso de seu deslocamento fora da fábrica, na complexa realidade do mercado, sofrem mas também provocam uma série de mudanças e de transformações, num jogo de inter-relações que, no fim, faz aparecer e tornar diferentes os próprios produtos, transformando ainda seus utilizadores, os comerciantes e todos os diversos encarregados nesse trabalho que contribuem para dar vida ao sistema ao longo da sequência que une projeto, produção, distribuição e consumo.

Muitas dessas operações já se estão fazendo, mesmo porque, para esclarecer a importância desta nova proposta do design como fenômeno, certamente contribuíram novos e mais influentes pontos de vista, que representam os interesses e os humores daqueles que observam o sistema das mercadorias por parte da distribuição e do consumo, e não mais apenas da parte da produção ou do projeto. Mas também e, obviamente, contribuiu o reconhecimento, ou ao menos a percepção, afortunadamente agora bastante difundida, de que o design, e em particular o design que concerne o setor de móveis e de decoração, representa uma contribuição original para a identidade cultural italiana, além de uma vantagem reconhecível e consistente de competição nacional, cujos reflexos positivos trazem consigo proveito para todo o país, tanto em imagem quanto em substância.

Muito oportunamente, no opúsculo de apresentação do Master em Design Estratégico, promovido há alguns anos pela benemérita Politécnica de Milão, vinha citada uma frase de John Kenneth Galbraith, na qual o famoso economista americano sustém que

o design é qualquer coisa de invisível, um patrimônio que não se pode dividir, pressupõe capacidades artísticas e artesanais que se adquirem no decurso de muitas gerações [...] Será uma força para a Itália se continuardes a traduzi-la [...] em uma produção industrial de qualidade, atualizando ao mesmo tempo as tecnologias.

Felizmente, parece que a sugestão de Galbraith, datada de 1997, já foi há muito tempo posta em prática pelos produtores italianos do setor, aos quais se deve reconhecer o mérito de ter conseguido aceitar e incluir, sob o histórico conhecimento artesanal de matriz italiana, toda uma série de elementos inovadores de ordem tecnológica e formal.

Mas essa atenção estratégica à qualificação do produto, que também permitiu afirmar de uma reconhecida *leadership* do mobiliário italiano no mundo, por mérito de sua componente mais vivaz e criativa, inspirada e guiada pelo constante empenho à inovação e à evolução do design, hoje não é mais suficiente. Não o é porque não basta mais projetar apenas o produto; é preciso projetar também o mercado. E, portanto, o design não pode limitar-se a fornecer projetos a serem desenvolvidos no interior da fábrica ou, de qualquer forma, só da unidade produtiva, mas deve fornecer projetos para o mercado, os quais serão realizados, ao menos em parte, fora da fábrica e fora de todos os possíveis lugares da produção.

Se agora o problema não é mais apenas o de projetar a produção, e sim o de projetar o mercado, eis que à demanda de *product design* se equipara a de *concept design*; o que, mais explicitamente, equivale a dizer que é preciso continuar a projetar e produzir produtos, esforçando-se por fazê-lo o melhor possível, mas que esse trabalho já não basta. Hoje é necessário ir além do produto e da produção, é preciso aprender a projetar também a distribuição e a comunicação, ou espaços de feira, lojas com espaços repartidos de maneira nova e enriquecidos com um novo e atraente *merchandising*, catálogos, promoções e publicidade. E isso, independentemente da modesta dimensão de nossas empresas de produção e de distribuição, não pode ser feito a não ser mediante alianças ou fusões entre firmas complementares.

É preciso continuar a ocupar-se do consumo, projetando novos desejos, sem cessar de responder aos velhos e ainda não abandonados; vale dizer, projetando não apenas produtos, mas *concepts*, de preferência inovadores, estimulantes e espetaculares, capazes de oferecer resposta aos novos desejos. Esses *concepts* devem entender-se como projetos complexos que, indo além do projeto e da produção do novo produto, estejam em condições de afirmar-se, comunicando e promovendo atmosferas, amostras de *lifestyle* e novos desejos, de modo que sejam percebidos com a urgência das necessidades.

A nova forma de projeto deverá ser compreendida como "design da procura", e não mais design do produto ou da oferta.

É preciso fazer apelo à vivacidade cultural que animou até agora o mundo do design italiano, para que a necessária atualização da cultura do projeto seja colhida tempestivamente, de modo a superar a fase de projeto dos produtos, abrindo-se ao projeto de mercados.

⁂

É neste ponto que a referência aos êxitos conseguidos pelos primos da porta ao lado, que se ocupam da moda, se torna obrigatória.

Em seu breve ensaio publicado em no livro-catálogo que ilustra uma mostra-exposição ocorrida em Florença, de 8 de janeiro a 15 de fevereiro de 1998, Stefano Casciani faz remontar o atraso do Sistema Design, face ao Sistema Moda, ao que define como uma bastante originária e negativa a "ideia demo-aristocrática do projeto, segundo a qual todo produto e desenho se propunha idealmente como arquétipo universal, a modelo quase imutável de um comportamento a ele legado, que o próprio objeto de algum modo criava, além de satisfazer a função"[1].

Casciani denuncia e alude ao pecado de origem do design italiano, que se refere ao fato de ter sido até hoje, ou talvez até ontem, sobretudo "design de arquitetos, não sendo por azar que por longos anos [...] o debate cultural sobre problemas de desenho industrial tenha girado em vão relativamente ao problema da definição do design e do designer".

Uma falta de definição devida ao fato de que o design italiano nasceu e se desenvolveu levando depois a uma não resolvida crise de identidade, originada pela sufocante incumbência de um punhado de geniais pais fundadores onipresentes, com toda a sua bagagem ideológica e cultural.

Só há pouco o design iniciou a pesquisa voltada para definir sua própria cultura, capaz de liberá-lo da dolorosa sujeição de uma abusiva cultura arquitetônica. Uma liberação que registrou um momento significativo em dezembro de 1998, com o licenciamento dos primeiros formados em desenho industrial na Politécnica de Milão.

Casciani parece sugerir ao design olhar a moda e liberar-se dos legados das falsas ideias-guias constituídas pela duração e pela qualidade, para aceitar uma passagem histórica que ele acredita já ter chegado,

a passagem do sistema da produção industrial ao da indústria virtual, ou aquele sistema no qual se entrelaçam organicamente imagens, tecnologia, design e comunicação, para dar ao consumidor produtos sempre novos, ou melhor, diferentes, que criam a ilusão de um universo paralelo, distante daquele real, e no qual, de qualquer modo, as leis de mercado e os mecanismos psicológicos de massa se tornam regras de um perfeito equilíbrio espiritual, os motores de uma realidade virtual em constante

1   *Il Motore della Moda.*

evolução. O que implica a aceitação de que um produto possa também ser efêmero, ligado a um gosto passageiro, aos costumes, mais do que à ética[2].

Presságio que, no entanto, com o risco de parecer um moralista, não me sinto em condições de compartilhar, pelo fato simples e incontrovertível de que a maior parte dos produtos de mobiliário e decoração pertence à categoria de bens de consumo durável, enquanto a quase totalidade da moda, do assim chamado TAC (tecido, roupa e couro), pertence à categoria dos bens de consumo, mesmo sendo verdade que a categoria poderia ser mutável, no caso de ser demonstrado que as condições que a ele foram dadas mudaram nesse meio tempo. Mas no momento assim não é.

Mais recentemente, os flertes entre o sistema mobiliário e o sistema moda foram repropostos com renovada vivacidade, mas com a rotineira confusão e aproximações, com o risco de estragar mais uma vez uma ocasião que, ao contrário, deveria ser cultivada; e talvez se pudesse fazê-la, se não prevalecesse um entusiasmo não compartilhado pelo efêmero, que o design não pode favorecer, assim como não favorece nem mesmo a parte mais séria e comprometida da própria moda. Pois o tempo do mobiliário e da decoração, como também o do design, escandido pelo lento suceder-se de uma geração após outra, nunca poderá ser substituído pelo tempo da vestimenta e da moda, escandido pelo veloz suceder das estações.

Se quem um dia definiu os italianos como um povo de poetas, de santos, de navegadores e heróis tivesse podido estar em Milão em abril de 2002, para visitar o interior e o exterior do Salão do Móvel, teria quase certamente mudado de ideia, optando por uma outra definição, a de um povo de designers, produtores, comerciantes e compradores de móveis e de objetos de decoração. O designer como poeta moderno? Os fabricantes como santos? Os comerciantes como navegadores? E os compradores como heróis?

É certo que, dando-se uma olhada nos preços, a equivalência comprador-herói poderia ser tolerada; e graças à grande criatividade de alguns, mesmo aquela designer-poeta poderia valer; e até a de comerciante-navegador não seria assim

2 Ibidem.

extravagante. Onde não nos encontramos, ao contrário, é na troca dos santos pelos produtores, que justamente com os santos não se parecem, mesmo se muitos deles procuram com fantasia e coragem contribuir para a realização do paraíso, talvez a preços módicos, pelo quarto, pela sala de visitas, a cozinha ou o banheiro, visto que oferecê-lo como solução global estaria muito além de seu alcance, sendo que a realização do paraíso na terra seria tarefa, ou antes, missão, dos santos e não de produtores de mobílias e decoração.

Talvez se trate de uma manifestação posterior daquele nosso dinamismo engenhoso italiano, "capitães fantasistas", caracterizados por aquela "pulsão do excesso", que Enrico Morteo considera ser o propelente fundamental daquela vitalidade sempre presente na produção do mobiliário *designed in Italy*, caracterizado, como ele escreve, por um "excesso de otimismo, de tecnologia, de invenção, de beleza por um modelo de sociedade melhor do que a realidade cotidiana"[3].

Certamente, o Salão do Móvel de 2002 será lembrado pela recorrência e entrelaçamento entre os termos Design e Moda, de maneira que poderá ser arquivado como o Salão da Sinédoque e da Contaminação.

Sendo a sinédoque aquela figura da retórica que desloca o significado de um termo para outro, representando a parte pelo todo, eis que agora o Salão de 2002 foi o Salão da Sinédoque porque, durante todo o tumultuado tempo de sua duração, o termo design foi utilizado por todos – organizadores, imprensa, encarregados e público – para significar e representar o contexto mais geral do setor de móveis e de decoração, entendido em sua totalidade.

Todos aqueles que escreveram sobre o Salão escreveram sobre design, e todos, obviamente, entendiam estar falando ou escrevendo sobre móveis e decoração, e não apenas de móveis e decoração "de design"; todos, assim, contribuíram para a realização de uma sinédoque coletiva e compartilhada, difundida e surpreendente.

Assim também foi em abril de 2003 e assim continuará a ser, presumivelmente, dada a crescente dependência do sistema de

---

3 Capitani fantasiosi, *Il Sole 24 Ore*, 6 apr. 2002.

móveis – produtores, mas também comerciantes e consumidores – da assim chamada cultura do projeto, vale dizer, do design. Que não deixa de despertar uma certa curiosidade, visto que isso ocorre mesmo se a cota de móveis e de objetos de decoração, que se julga possa ser considerada como efetivamente de design nos anos 2002-2003, não supere, até nas mais otimistas estimativas, os 15% do total daquilo que se produz e se consome.

Se ilumina e encanta a estrela do norte, representada por esses 15% que todos observam, descuidadamente se esquece o papel e a importância, relevante não só do ponto de vista econômico, daqueles 85% constituídos pela maior parte dos móveis de estilo, inclusive os de excelente fatura, que parecem ter perdido o sentido de orientação, estando hoje a reboque da minoria iluminada do design.

E vamos à contaminação, que se encontra no interior da hipótese de *pastiche*, recomendada e propugnada por aqueles que, como Antonio Calbi, consideram que o *furniture design* seja um pouco "o vestido do tempo", e que, portanto, deva concretizar uma *entente* estratégica com o mundo da moda e do *fashion design*[4].

Mas, à parte a luta em torno da qual estão as diferenças entre os ofícios do designer e o do estilista, e o que o seja o design e o estilo, interrogações às quais Mario Bellini há muito responde afirmando que o design não é outra coisa senão um estilo, justamente o Estilo Design, a minha impressão é que, como na parábola dos cegos de Brueghel, o Velho, muitos expoentes dos dois setores, ambos em notável dificuldade, ainda que não se possa falar de crise, têm a esperança de resolver os próprios problemas olhando o jardim do vizinho, que, como se sabe, sempre se julga ser mais verde e belo. Encontramo-nos, pois, frente a um caso de estrabismo, dado que com um olho se dirigiria o olhar para roupas e acessórios, mas pensando no design, e com o outro se olharia para móveis e decorações, mas pensando na moda.

Parece-me que isso nos seja suficiente para exprimir alguma perplexidade e talvez alguma preocupação. Talvez seja necessário parar para refletir mais uma vez quem somos, de

---

4   Cf. *Abitare Quotidiano*, n. 5.

onde viemos e aonde queremos ir no novo contexto internacional, ou antes global, criado após o 11 de setembro de 2001.

::: ::: :::

É preciso voltar a repetir, hoje, assim como ontem, que enquanto uma peça de roupa se compra em média duas, três vezes ao ano, vale dizer, duzentas, trezentas vezes na vida, um elemento fundamental de mobiliário se adquire apenas duas ou três vezes na vida. E até que as coisas permaneçam assim, será necessário ser muito cauteloso ao se formularem hipóteses de possíveis mudanças de critério, de princípios e de estratégias para o *fashion show* e para o *furniture design*.

Creio que se deva continuar a olhar com atenção para aqueles setores vizinhos, e até agora vencedores, como justamente aquele da moda, porque considero extremamente importante a análise comparada do andamento e das diversidades estruturais entre ambos os setores, tomando-se o cuidado, porém, de evitar os riscos implícitos na individuação de exemplos e de mestres ruins.

Ao invés de se deixar fascinar por valores inexistentes, expressos pelas seduções aceleradas, mas também um pouco perversas* da moda efêmera, quem se ocupa do design deveria parar um pouco e prestar atenção em diversos valores estruturais que subentendem e sustentam todo o sistema da moda, valores que resultam visivelmente mais articulados e melhor integrados organicamente entre si, de maneira a oferecer um quadro operacional bastante favorável aos diversos atores e operadores do setor: estilistas, produtores, distribuidores, comunicadores e usuários finais.

A economia do design deve observar com atenção e respeito as características da economia da moda, pois, embora elas façam referência a um fenômeno que não é o mesmo, apresentam, entretanto, um grande número de semelhanças ou analogias para se pesquisar com atenção, porque encobertas e confundidas com outras apenas superficiais e aparentes. Acima de todas, a prevalência, tanto na moda quanto no design, dos

* Há no texto um trocadilho entre as palavras *accelerate* (aceleradas) e *scellerate* (malvadas, perversas). (N. da T.)

valores simbólicos sobre os de uso, funcionais ou de prestação de serviço. Basta se pensar em quantas capas de chuva são compradas, mesmo se não impedem a chuva de penetrar e molhar o comprador até os ossos, ou em quantas cadeiras ou poltronas acabam por ser preferidas, a despeito de seu incômodo perceptível, ou em quantas lâmpadas são escolhidas, apesar de sua evidente e inadequada capacidade de fornecer a luz necessária ou desejada.

Mas, olhando-se bem, as analogias entre os artigos dos dois setores vão pouco além desta atitude comum que determina e caracteriza um mercado guiado pela preponderância dos valores simbólicos sobre os de uso.

Com efeito, pode-se reconhecer uma certa similaridade entre o ofício do estilista e o do designer somente quando ambos sejam interpretados com rigor e no nível máximo. Provavelmente, essa afirmação conseguirá descontentar tanto um como outro, mas creio que possa ser mantida. Parece-me evidente que o processo criativo e de projeção dos melhores estilistas é, sob muitos aspectos, comparável àquele que subentende o itinerário de pesquisa e de projeção de muitos dos melhores designers.

No plano da produção, em vez disso, as diferenças aparecem mais relevantes por vários motivos. Antes de tudo, a presença poderosa do tecido que supera largamente as outras matérias-primas utilizadas, determinando a presença de fornecedores industriais de grandes dimensões, em condições de controlar o processo produtivo de toda a linha, como certamente não é possível imaginar que o façam os produtores de madeira, por exemplo, no setor do *furniture design*.

Depois, as diversas relações contratuais entre os estilistas e os produtores de tecidos e de peças, relações que subtendem e articulam os setores da moda e que testemunham a autonomia também empresarial e o poder contratual maior do estilista em relação ao designer. Poder contratual que garante ao estilista um papel criativo face à produção, empenhando, porém, frequentemente o seu próprio nome e capital também na comunicação e na distribuição, conferindo-lhe uma visibilidade desconhecida mesmo para o mais famoso designer. Visibilidade que depois alimenta a fama e, com ela, o poder contratual, em um círculo virtuoso que continua a fazer crescer o peso e o poder dos estilistas no sistema da moda.

Voltando à diferença entre os dois setores, resultam determinantes, enfim, as diferenças nas comunicações e mais ainda na distribuição. Os artigos de moda encontram saída, em grande quantidade, naqueles exercícios comerciais de vários tipos que se podem juntar sob a definição de "negócios ou lojas de moda". Negócios ou lojas que reúnem e vendem parte ou tudo do que é produzido no interior do TAC, quer dizer, roupa, malharia, lingerie, bolsas, cintos, sapatos etc; que se apresentam às vezes como monogrife, ou como revendedores de produtos de marcas diferentes, e outras ainda que se especializam, limitando a própria oferta a uma ou poucas técnicas de mercado.

Maiores dificuldades encontram para sua difusão as lojas e negócios de design, porque seus produtos variam de móveis e outros elementos de decoração aos eletrodomésticos e pequenos acessórios para a casa, havendo também os telefones, as tesouras de jardim e as bombas para elevação de água, os automóveis, motonetas e dezenas de outras tipologias merceológicas: uma congérie de produtos díspares, sob qualquer ponto de vista, salvo o de estarem juntos pelo fato de ser concebidos conforme o critério comum de criação pelo design.

Se os produtos de moda implodem em um sistema de lojas bastante homogêneo, o design, ao contrário, vê os seus produtos explodirem e se dispersarem em numerosas redes merceológicas, pelo próprio fato de que o negócio de design deveria abraçar um número tal de categorias que correria o risco de perder a identidade, além de se tornar de complicadíssima gestão. Os artigos produzidos sob a égide do design vão, portanto, acabar em uma miríade de revendas tipologicamente diferentes entre si: os móveis e objetos de decoração em lojas de móveis; os telefones em lojas de telefone, os instrumentos cirúrgicos em lojas de equipamentos médicos, os eletrodomésticos em casas de eletrodomésticos ou lojas de departamentos, e assim se vão distribuindo e se confundindo.

Em termos de distribuição, portanto, dever-se-ia limitar a eventuais transposições de experiências entre moda e *furniture design*, e não design em geral.

De qualquer modo, resulta evidente como, ao se refletir sobre os dois setores, o da moda e o do design, não devemos nos limitar às semelhanças superficiais e, mais do que isso, determo-nos em considerações exclusivamente relativas às modalidades de projeto e de criação e àquelas de produção, incorrendo na tentação de propor mudanças improváveis de um setor a outro.

Melhor seria deter-se no pertencimento comum dos dois setores a uma "economia dos valores simbólicos", orientada primeiramente para estimular e depois satisfazer os desejos, por meio de uma oferta que visa à qualidade, mesmo que depois ela pareça traída; uma economia para contrapor-se àquela mais difusa e tradicional que faz referência à demanda quantitativa, relativa às necessidades. Dizendo-se que, para a definição das regras de uma possível economia do sistema design, poderia provavelmente contribuir alguma regra da economia, assim como alguns comportamentos e processos característicos do sistema moda.

8. O Gosto e a Suposta Inovação

> *Ó gosto… pai e criador do belo artístico*
> *guia a minha razão, anima minha fantasia,*
> *a fim de que, escrevendo sobre o gosto,*
> *não escreva sem nenhum.*
>
> MARIO PAGANO

Com a ruptura da noção clássica de arte, desde então fragmentada a partir do fim do século XVIII em uma miríade de diferentes modalidades expressivas, o quadro cultural caracterizou-se pela multiplicidade das modas e das escolhas interpretativas. Este processo incontido de decadência parece ter posto em crise até mesmo a estética que, nascida no século XVIII como disciplina clássica da crítica ao belo, teve que se reestruturar, à procura de uma nova identidade, mais aderente àquilo que representa o objeto do seu próprio interesse, reorganizando-se ao redor do que hoje se costuma definir como Filosofia da Arte.

Com a crise da arte, o lugar comum segundo o qual o belo é um assunto de gosto, pareceria enfim ter-se convertido em realidade, abrindo assim as portas ao dito popular cujo ritornelo-álibi para toda fealdade estética recita: "não é belo o que é belo, mas é belo o que agrada", correndo-se o risco de fazer regredir a um nível de sabedoria interesseira a reflexão cultural sobre o gosto, ou sobre o bom gosto, entendido como premissa e instrumento para formular um juízo estético crível. Mesmo se depois o dito popular parece encontrar-se redimido na afirmação de um douto filósofo como David Hume: "A beleza das coisas existe na mente de quem a contempla", avalizando, portanto, a tese popular de que o belo é coisa principalmente subjetiva.

De opinião oposta parece ser Giacomo Leopardi, quem, no *Zibaldone*, escreve que "a beleza de todas as coisas consiste na conveniência com seus fins", afirmação com a qual Leopardi, poeta, mas também grande pensador, se qualifica, para todos os efeitos, como um convicto protofuncionalista, verdadeiro ancestral, *ante litteram*, da *Gestaltungtheorie* de matriz ulmiana.

No pensamento antigo, ao contrário, tem início e se desenvolve, ao redor da trindade verdade-belo-bom, afirmada inicialmente por Pitágoras e sucessivamente sustentada com variações também por Platão e Aristóteles, aquela ideia que está na base de todo o racionalismo ocidental e que também aparece profundamente enraizada e difundida: a ideia de que o belo não apenas coincida com um propósito moral, mas seja também comensurável, capaz de inspirar-se e responder a um critério de medida. Ideia que implica e introduz a hipótese de que possa existir uma única e indiscutível verdade "objetiva", de uma objetividade absoluta por ser mensurável.

Com efeito, a primeira ideia de gosto poderia remontar à hipótese pitagórica que se baseia na presunção de poder medir o belo através da definição de critérios numéricos, a seção áurea, por exemplo, derivados da música, da simetria, da harmonia, na convicção absoluta de que tudo possa ser reduzido a uma entidade numérica, e assim mensurável, nada havendo de incomensurável.

Talvez, porém, possa valer a pena fazer, mais ordinariamente, uma breve e sintética excursão ao percurso histórico no qual se enquadra a parábola do gosto, começando por dizer, antes de tudo, "como o termo gosto se difundiu até a acepção metafórica à qual fazemos referência [...] do italiano e do castelhano ao francês, ao inglês e, por fim, ao alemão"[1].

A ideia de um gosto não atinente ao corpo e ao palato, em particular, assim como à beleza e à arte, está ausente da cultura grega e daquelas que lhe precederam; só a encontramos a partir da antiguidade latina. "O contributo da Idade Média para a fixação do conceito de gosto parece consistir, sobretudo, na

---

1   P. D'Angelo, Il gusto in Italia e Spagna dal Quattrocento al Setecento, em L. Russo (a cura di), *Il gusto: storia di um'idea estetica*.

acentuação do nexo entre saber e sabor"[2], pelo qual o gosto vem a se configurar como o sabor individual do saber.

Mas é apenas com Baltasar Gracián, jesuíta espanhol que viveu entre 1601 e 1658, autor de *Agudeza y Arte de Ingenio*, que o gosto se converte em conceito reconhecido; é Gracián o promotor e inventor de um "conceito de gosto como capacidade de julgamento não redutível a regras intelectuais, mas ligada a uma faculdade autônoma de orientação, que se configura como habilidade ou dom não explicado posteriormente"[3].

Escreve Gracián: "Os gostos são tantos quanto são os rostos e tanto quanto variados; cada um tem seu próprio gosto e seu próprio gesto; assim, diria que a felicidade de cada um não consiste nisto ou naquilo, mas em conseguir e gozar daquilo que faz a seu gosto. [...] O bom gosto dá sabor a toda a vida". Observações de grande sapiência que soam musicalmente em meus ouvidos, enquanto antecipam as características que pertencem ao hedonista virtuoso sobre o qual escrevi muitos anos antes de deparar-me com o livro de Gracián.

O conceito de gosto nasce e se afirma na Espanha e passa à Itália, onde se desenvolve e se afirma ulteriormente nos séculos XVI e XVII, encontrando-se nas obras de muitos escritores de disciplinas diferentes, entre os quais Antonio Averulino, dito Il Filarete, no *Tratado de Arquitetura*, Guicciardini, nas *Recordações*, Ariosto, em *Orlando Furioso*, Michelangelo, nas *Rimas* e depois Giambattista Vico e muitos mais ainda.

Mas quando o gosto, no século XVIII, chega a ser um tema central da estética, a reflexão teórica na Espanha e na Itália se apaga, enquanto a França, a Inglaterra e a Alemanha se tornavam seus centros propulsivos. A única exceção ao torpor italiano do século é a oferecida pelo conde bergamasco Pietro Calepio, um diletante isolado que, com as numerosas cartas trocadas com seu correspondente suíço, se mostra à altura do debate europeu sobre a teoria do gosto. Um debate que, depois de ter ratificado o caráter sensível do gosto, não consegue superar o obstáculo representado pelo fato de que o gosto não é um sentido qualquer; é um sentido absolutamente particular, é um "sentido judicante" que, mesmo se na primeira manifestação

2   Ibidem.
3   Ibidem.

se movia no âmbito circunscrito do sabor, há séculos, desde então, produz um saber mutável e importante, que mantém uma relação controversa com o intelecto e o conhecimento.

Quando o belo perde as características de mensuração objetiva, refugiando-se na ideia de um gosto conexo com a capacidade individual de sentir, procura erigir uma morada à sombra de uma sensibilidade que, mesmo se subjetiva, chega no entanto a ser largamente difundida para circunscrever um território de "educação estética" homogênea, no interior do qual se possam fazer hipóteses sobre níveis homogêneos de gosto. Este se tornou, obvia e irremediavelmente, o campo de trabalho e de intervenção da publicidade, instrumento da promoção de uma estética democrática sub-repticiamente difusa, assim como alargamento gratuito e desinteressado de uma educação estética capaz justamente de favorecer a formulação, em qualquer indivíduo-consumidor, de uma estética individual, frequentemente percebida e vivida ilusoriamente como "livre".

Com o prevalecer da ideia do século XVIII, a de que o gosto possa manifestar-se por intermédio da formulação de juízos estéticos subjetivos, considerados obviamente importantes e confiáveis na proporção da fama do personagem delegado a promulgá-lo e sancioná-lo, entra em ocaso o paradigma pitagórico clássico fundado sobre o cálculo do belo, que preconiza a hipótese de um gosto mensurável, objetivo e, portanto, inapelável. No século XIX, e sobretudo com a chegada da época napoleônica, todo o palco econômico e social do século anterior vê-se abalado e com isso se volatiliza a noção de gosto, o que se confirma pelo fato de que para garantir a continuidade do gosto é preciso uma estrutura social constante. Com o fim do século XVIII, terminam um certo mundo e uma certa ordem, e com isso entra também em crise o papel do gosto que, além do mais, cessa de representar a ideia constitutiva da estética.

Após as vicissitudes ideológicas, sociais e políticas que intervieram durante o século XIX,

o gosto não é mais a faculdade de um círculo restrito, que o constrói e o utiliza, e sim um conjunto de fenômenos em virtude do qual, frente à obra e ao prazer estético, o sentir não pode separar-se daquela consciência teórica que a Escola de Frankfurt, e em primeira instância Marcuse, considera o começo de uma visão crítica, crítica ideológica e política que compromete, antes de mais nada, a realidade e a estrutura social[4].

Esta crise do gosto poderia talvez se resolver se reconhecêssemos no design a capacidade de representar, ele mesmo, uma resposta adequada àquilo que J. Baudrillard chamou de "ilusão radical"[5]. Com efeito, o design herdou, quase completamente, do atual caótico e babilônico mundo da arte a incumbência de prover a elaboração daqueles paradigmas essenciais em qualquer tempo para a formulação do juízo estético. Juízos que hoje olham sobretudo para o universo dos manufaturados industriais, produzidos segundo as lógicas dos projetos, inspiradas e guiadas pela nova disciplina, justamente o design.

Talvez isso se conseguisse caso se reencontrasse, como foi escrito,

a capacidade de unir as formas no interior de uma modalidade representativa que seja, em primeiro lugar, e para além dos discursos débeis, debilitantes, desconstrutivistas ou pós-modernos, a apreensão da matriz do aparecimento das coisas, onde elas, simplesmente, declinam sua presença em formas múltiplas, multiplicadas segundo o espectro da metamorfose[6].

A modernidade setecentista do gosto desenvolvera-se principalmente no exercício de um uso destinado a fornecer juízos de valoração sobre as obras de arte para um mundo que rodava em torno de valores culturais promanados da criação artística, nas suas diversas modalidades expressivas. Não creio que tenha sido a explosão ocorrida no mundo da arte a matar o gosto; ao contrário, creio que o gosto, longe de estar morto, tenha simplesmente perdido a relação com aquilo que foi por longo tempo o objeto de seu julgamento, além da fonte principal das transformações periódicas de seus cânones, com as normas depois alçadas a critérios inapeláveis de julgamento.

Desaparecida a arte, ou desaparecida com o final do século XVIII a homogeneidade monolítica da arte clássica, que, como valor prevalentemente objetivo, se oferecia às avaliações de

---

4 E. Franzini, La decostruzione del gusto, *Il gusto: Storia de un'idea estética*.
5 *Ilusion, désillusion esthétiques*.
6 E. Franzini, op. cit.

um gosto sobretudo subjetivo, o juízo estético não consegue mais declinar-se de modo a seguir e ajuizar todas as infinitas ramificações da arte moderna que hoje domina a cena. Uma arte totalmente sob domínio da individualidade do artista e, portanto, convertida em algo apenas subjetivo, mas de uma subjetividade que exprime o ponto de vista daquele que é o produtor da arte, o artífice; uma arte, portanto, que, talvez por isso mesmo, mal se presta ao juízo estético de um fruidor animado por um gosto também radicalmente subjetivo.

Sob tais luzes ganham relevância profética as observações feitas no longínquo 1958 por Gillo Dorfles:

> É inegável o fato de que muitos objetos industriais apresentam formas cuja semelhança e afinidade com muita escultura hodierna é evidente (Bill, Arp, Calder). Esta me parece uma razão suficiente para levar a conclusões: que a 'arte pura' influencia sensivelmente o objeto industrial; que o objeto industrial, por sua vez, influencia a arte moderna e ajuda a criar aquilo que gostaria de identificar com o "processo formativo" da nossa época. De tudo isso se pode deduzir que hoje também exista, em vias de organizar-se, uma constante formal específica desta época (como não o foi por qualquer outra), que se vem manifestando tanto nas artes pictórica, plástica, arquitetônica, quanto naquela criada pela indústria, mesmo para fins utilitários. [...] E é esta constante formal que, lentamente, vem modificando o gosto do público, mesmo do público mais grosseiro; tanto que será talvez da formação desse novo gosto que o público de amanhã estará mais apto para aceitar ainda outras manifestações da arte moderna. Daquela arte moderna que não estava em condições de agradar diretamente. Talvez por isso se possa esperar que, justamente por meio de um impulso estético, o mundo da tecnologia moderna se redima e se purifique, ao descobrir em suas próprias formas, originando-se primeiramente de mero impulso funcional, aquela beleza que a arte viu naufragar em outros lugares. E isso pode explicar, para voltar ao tema de nossas tratativas, ou seja, às oscilações e desvios do gosto, como e por que o gosto, que tanto se deteriorou na apreensão da arte, se tenha conservado e aguçado no que diz respeito ao "estilo da máquina". [...] a nossa época produziu novos "modelos", que antes nunca existiram, e nos quais deve haver aquele "quid" formador que conduz à constituição de um juízo estético e, portanto, à formação de um novo gosto.[7]

Tão profética quanto é a visão de Charles Baudelaire, mesmo se sua análise do belo e do gosto se avizinhe, por evidentes

---

7 *Le oscillazioni del gusto.*

razões históricas, aos problemas da relação, ou talvez se devesse dizer mais corretamente, da aproximação entre arte e design, assim como é enfrentado e desenvolvido por Dorfles. O belo, escreve Baudelaire:

é sempre, inevitavelmente, de uma composição dupla, ainda que a impressão produzida seja única; ao passo que a dificuldade de distinguir os elementos variáveis do belo na unidade da impressão não danifica minimamente a necessidade da variedade de sua composição. O belo é feito de um elemento eterno, invariável, cuja quantidade é difícil de determinar, e de um elemento relativo, ocasional, que será, caso se prefira, vez ou outra ou contemporaneamente, a época, a moda, a moral, a paixão[8].

E é justamente este segundo elemento relativo e transitório que introduz e mede a presença do gosto, que, no entanto, a partir de então, tornou-se um gosto que não se propõe como paradigma de juízo qualitativo da arte porque desceu às ruas, afastando-se das teorizações filosóficas para imergir-se na fervilhante realidade social e do cotidiano. Segundo Baudelaire, "a moda deve assim ser considerada como um sintoma do gosto, do ideal que flutua no cérebro humano acima de tudo o que a vida acumula de vulgar, de terrestre, de mundano, como uma deformação sublime da natureza, ou melhor, como uma tentativa inexaurível e recorrente da reforma da natureza"[9].

No interior do mundo das mercadorias no qual vivemos, assimilável a uma floresta artificial, o gosto pode, finalmente, ser considerado na mesma situação de uma "estética do uso", cujo valor não pode, de qualquer modo, prescindir da importância da pessoa, do grupo ou da instituição de quem o juízo estético promana. Nesse sentido, o gosto deve ser entendido como exercício, se não apenas individual, certamente subjetivo.

Que se observe, porém, que o gosto não é apenas patrimônio das pessoas, mas também das coisas, daquelas coisas às quais a história conferiu uma posição simbólica e uma aura. Caso se possa dessumir que uma pessoa "de gosto" se pode atribuir tal título para conferir patente de qualidade estética aos objetos por ela indicados e escolhidos, de maneira análoga se pode convir que a posse de alguns objetos, sancionados como sendo

8 *Scritti sull'arte*.
9 Ibidem.

"de gosto", pode contribuir para fazer parecer que uma pessoa, de outro modo normal, seja considerada mestre do bom gosto.

No que tange ao juízo relativo a qualquer produto de design, em particular, a avaliação e a apreciação deveriam ser formuladas sob a reserva de um gosto capaz de não limitar-se a exprimir exclusivamente um "juízo estético". Pois o juízo acerca da qualidade de um produto de design deveria girar em torno de diversos elementos capazes de ler e interpretar, além da agradabilidade estética, também a eficiência funcional, a eficácia na prestação do serviço e, sobretudo, o grau de inovação que o objeto apresenta.

A inovação deve estar presente, ainda que se aceite que ela possa ser material ou processual, formal ou funcional, de uso; de qualquer modo deve ser coisa certa e comprovada. Sem inovação não pode haver bom design e, portanto, ela deve ser real, e não suposta, pois sem inovação o design se reduz a uma simples maneira.

⁙ ⁙ ⁙

A inovação, dizia, não pode ser suposta. Estar suposta. Suposição. Mas o que tem a ver com supositório?* Tem sim.

Ainda que eu tenha a impressão de que me está acontecendo aquilo que sucede ao Barney de M. Richler[10], que, antes de sucumbir nos meandros do Alzheimer, se surpreende com a curiosa deriva que mais frequentemente envolve seus pensamentos, que vagam como se fossem levados pela contínua e imprevista irrupção de associações mentais aparentemente desviantes; pretendia ocupar-me com o design e, ao invés disso, me encontro com um supositório não propriamente entre as mãos, mas nas entrelinhas. E dizer que depois de outros dez anos despendidos na indústria farmacêutica entre compressas, cápsulas, pílulas, ampolas e, justamente, supositórios, para não morrer de tédio ou desespero decidi fugir e caí, afortunadamente estimulado por boas leituras, golpeado na estrada de Damasco por um ensaio de Umberto Eco que me jogou nos braços do design.

---

* No original, trocadilho com a palavra *supposta*, que tanto pode significar suposta quanto supositório (N. da T.).

10 Cf. *La versione di Barney*.

Todavia, justamente refletindo sobre as características daquela forma de medicamento, cuja ministração apresenta uma elevada eficácia terapêutica para infecções particulares, e cuja assunção foi feita segundo critérios que nos levavam, quando rapazinhos, a procurar sorridentes a ambiguidade da linguagem, a marcá-la com "insinuações baixas", andei desenvolvendo os pródromos de uma nova crítica sarcástica do design, desenvolvida a partir de algumas reflexões sobre o abuso de projetos inspirados naquilo que se poderia definir como "estética do supositório". Uma doutrina tão vulgar quanto difusa, à qual fazem referências todos aqueles (numerosíssimos) designers, aflitos com o desejo urgente de prestígio e de sucesso econômico. Urgência que toma a forma de uma verdadeira síndrome que devora, a ponto de induzir a total subordinação da escolha profissional ao deus dinheiro, abraçando sem pudores os falsos princípios de um falso design.

Uma crítica do design conduzida à luz da estética do supositório só pode partir de algumas observações elementares, relativas àquela modalidade particular de administração do fármaco, à sua forma e substância. O supositório é geralmente constituído de uma parte inerte, definida como excipiente, privada de qualquer eficácia terapêutica, mas que permite, no entanto, não apenas plasmar a forma típica de obus, mas também diluir em seu interior e de veicular, no corpo humano, aquilo que na farmacologia se define como "princípio ativo". O excipiente representa 99% ou mais, seja do peso, seja do volume de um supositório, enquanto o princípio ativo representa apenas uma parte infinitamente pequena em peso e volume, a única, porém, que possui, presumivelmente, alguma eficácia terapêutica.

A inovação de um supositório, se houver, se encontra e se manifesta na qualidade inovadora do princípio ativo, não certamente na forma ou nas características do excipiente, que é comumente à base de vaselina. Nos supositórios, portanto, a inovação não se vê, mas se "sente" e, ainda que todos os supositórios pareçam iguais, porque é sempre igual o modelo em ogiva, sua eficácia terapêutica é bastante diferente.

Como dizíamos, é preciso perceber o fato de que a paisagem que nos circunda tornou-se agora uma verdadeira floresta artificial, que define não apenas muitas partes do nosso horizonte de consumidores, mas também aquela bem mais importante que nos caberia enquanto fruidores culturais; e que, neste novo contexto ambiental, as nossas escolhas e comportamentos são influenciados e orientados também pelas mercadorias, numa medida bastante maior do que estamos normalmente dispostos a reconhecer.

No crescente emaranhado de mercadorias, sempre mais impregnadas de fragmentos de beleza, portadoras de minúsculos "ingredientes estéticos", sempre mais difusos e invasivos, desejado por um famoso ou obscuro projetista, ou apenas acidental, pequeno ou grande, agradável ou não, *trendy* ou de memória, mas, de qualquer modo, presentes em todos os produtos, se torna absolutamente necessário ajustar mecanismos de compensação para a defesa de nossa capacidade de escolher e se orientar, mas também em defesa de nossa identidade de consumidores. Uma identidade que deve crescer para defender-se e subtrair-se ao risco de ser sempre e apenas público de um megaespetáculo cada vez mais global; de maneira a podermos ser, ao menos um pouco, atores de nossa pequena cena, aquela da nossa *commedia dell'arte* privada e doméstica da vida. De maneira a nos permitir subtrair ao menos alguns recortes de nossa história pessoal da grande dramatização globalizante que outros se incumbem de escrever para nós, com o objetivo de nos induzir a viver conforme um roteiro que nos nivela sob os desejos induzidos por um Eu coletivo e indiferenciado, que continua a renascer, a repropor-se, e que desejaria nos expropriar do prazer de escolher e de errar sozinhos. Eis aí a importância de conhecer e estudar a estética do supositório, e aprender a defender-se dos efeitos perniciosos como os da *fata morgana*, que frequentemente apresentam os produtos projetados por designers que agem segundo os princípios dessa corrente estética particular.

Eis ainda a importância de saber reconhecer, entre tantos produtos oferecidos, aqueles que podem ser descartados quando seu design está destinado a usos muito refinados, mas superficiais. Refiro-me a todos aqueles produtos para os quais o designer se empenhou em projetar exclusivamente o excipiente, com a única intenção de aumentar a venda do produto, facilitando-lhe a introdução no corpo social, mas sem cuidar de melhorar sua eficácia e capacidade de serviço e, sobretudo, sem se preocupar em enriquecê-lo com um princípio ativo, quer dizer, uma dose mínima de inovação.

Todos, e inclusive os distribuidores, que também são ao mesmo tempo consumidores, devem se esforçar para conseguir selecionar na massa de produtos aqueles que realmente carregam uma inovação, aqueles que contenham um princípio ativo e que com frequência, por isso mesmo, não são facilmente percebidos. E isso, infelizmente, ocorre amiúde, pelo fato elementar de que cada um de nós entende, aceita, procura e reconhece sobretudo aquilo que conhece, olhando com suspeita o que é novo e, por essa razão, menos reconhecível. Paradoxalmente, sucede que, quanto mais elevado seja o grau de inovação contido em um novo produto, tanto maior é o risco que ele não seja aceito, porque novo e, assim, diferente. E na ausência de uma elevada educação, que só uma consciência temperada pela tolerância pode permitir, o diferente acaba descartado ou rechaçado. E isso, infelizmente, ocorre não apenas nas relações entre homem e mercadoria, mas entre homem e homem.

O paradoxo, assim, prevalece e o mercado tem dificuldade em aceitar os produtos que trazem inovação, a favor daqueles mais ambiguamente garantidos, os que ao consumidor dizem que ele já conhece, e com isso o confortam, o acalmam, o tranquilizam.

Experimentei pessoalmente a força viscosa desses hábitos de comportamento absolutamente paradoxais. Penso no lustre Tizio, desenhado por Richard Sapper e produzido pela Artemide, que tive a fortuna e o privilégio de lançar em 1972, lustre que hoje se tornou um dos objetos emblemáticos e de maior representatividade do sucesso do design italiano no mundo, mas que teve necessidade de muitos anos para ser reconhecido e aceito, primeiro por comerciantes, e depois por consumidores, coisa que aconteceu somente na década de 1980.

De início, não ia bem para quase ninguém, salvo para os costumeiros quatro gatos doentes por design e fanáticos por inovação; era criticado porque não era firme, possuía uma lampadazinha "alucinógena"; e depois, o lustre era caro, a luz fazia mal aos olhos, o transformador era perigoso, tocando as varetas corria-se o risco de choque e assim se ia fazendo a lista e se lamentando.

Penso na Bulthaup, que introduzi na Itália em 1979, mas que teve de esperar até 1986 para obter o sucesso comercial que merecia. E não porque desagradasse pelos limitados compradores em potencial, mas antes porque não ia bem com a maior parte dos comerciantes, que não tinha vontade de aprender a se desenredar num catálogo técnico que tinha o pecado de oferecer outras 1.600 partes componentes, o que implicava a necessidade de aprender a usá-lo, aceitando a ideia de que uma cozinha, antes de ser vendida, deve ser projetada; e que é possível organizá-la sem primeiro ter feito um desenho; e que a ordem para a fábrica deve elencar as diversas partes componentes (em média, uma cozinha componível se constrói com cerca de cinquenta elementos, entre base, elementos pênseis, colunas, área de trabalho, arremates de acabamento etc.); e que as partes componentes devem ser elencadas segundo uma ordem prefixada: primeiramente aquilo que toca o chão, depois os elementos suspensos às paredes, depois os contidos nas partes internas e recipientes e assim por diante.

No âmbito dos móveis e de todos os demais elementos de decoração, de todos os bens de consumo duráveis, mas também de produtos que se enriquecem com um acréscimo de design, e que se impõem mais por seu valor simbólico do que pelo meramente funcional, a inovação é quase sempre mal conhecida. É recusada e, se passa, o faz muito lentamente, no início apenas reconhecida e aceita por um pequeno agregado de elite; e chega sempre com grande atraso no mercado mais vasto daqueles que não ousam, ou quase nunca chega. Essa passagem se dá muito lentamente, pois a aceitação de um novo produto é fenômeno não apenas econômico, mas, antes de tudo, cultural. E enquanto tal, frequentemente modificador de hábitos enraizados e preexistentes. Hoje, o que mais aflige o mercado do design italiano do móvel e da decoração em geral é a grande quantidade de produtos, cujo design está todo concentrado em torná-los espertamente mais atraentes porque o projetista soube, quis ou pôde dar forma apenas ao excipiente. Mas esse design permite, na melhor das hipóteses, apenas resultados econômicos, incapazes de enraizar-se com estabilidade no mercado e nas preferências do consumidor; isso porque o design do excipiente é efêmero, é design da moda ou que faz moda, enquanto o design que aponta para a inovação penetra no mercado e, mesmo que lentamente, abre espaços a novos hábitos, permitindo a aquisição de posições fortes, capazes de garantir ao produto uma duração maior no tempo.

Aqueles que apostam no design do excipiente se justificam quase sempre atribuindo ao consumidor, e ao mercado em geral, uma incapacidade crônica de aceitar algo de verdadeiramente inovador; daí, então, se limitam a projetar e produzir "aquilo que as pessoas pedem", isto é, o que as pessoas conhecem, como se fosse possível pedir o que não conhecem.

No interior de um mercado regulado pela lei da oferta e da procura, a iniciativa não pode estar a cargo senão da primeira, vale dizer, a cargo daquele que tem a responsabilidade da produção. De modo que o problema se vira completamente, pois é preciso partir não do que "as pessoas querem", e sim do que "a produção oferece", dado que não cabe ao consumidor ou ao distribuidor a tarefa de projetar novos produtos, que é da indústria.

Ao contrário, são responsabilidades dos designers e dos produtores não apenas projetar e produzir, mas também fazer as coisas sem se preocupar exclusivamente com agradar o consumidor, acompanhando-o nas piores propensões; sua tarefa é oferecer-lhe produtos de qualidade, contribuindo desse modo para ajudá-lo e educá-lo a reconhecer e preferir o melhor. Isso só pode ser feito mediante a dedicação constante à inovação e qualidade; inovando para melhorar, fazendo produtos que talvez o consumidor ou o comerciante não compreenderão e não aceitarão de início, mas que, em virtude dos valores de inovação e design, conseguirão, se oportunamente explicados, a melhorar a procura, orientando-a e educando-a com a força presente em qualquer oferta portadora de uma efetiva inovação.

Para terminar, podemos agora uma última vez fazer referência ao artifício brincalhão do supositório, para fazer votos que desapareçam do mercado de móveis e decorações os produtos "placebo", aqueles feitos só com excipientes, que não fazem mal, mas não fazem bem, que são quase sempre exageradamente caros, apesar de totalmente privados de inovação.

É auspicioso agora que em todo produto de design italiano haja sempre ao menos um pouco de inovação e princípio ativo, como no supositório; talvez não tantos, mas o suficiente para manter o saldo do nosso primado, ancorando-o não apenas na união vencedora dos valores econômicos e estéticos, mas também num forte empenho em respeitar e incluir nos produtos de design valores éticos irrenunciáveis.

Este prenúncio deve, porém, nos lembrar que, no interior de cada faculdade de crítica, o gosto ocupa um papel determinante; e que comportar-se de modo crítico deveria ser prerrogativa mas também dever de todo livre pensador.

Como escreve Alexander Lowen,

o gosto é o fundamento da função crítica. Sem ele não há bases para a crítica. Um juízo que não exprima um sentimento pessoal é moralístico. Por exemplo, um crítico que aprova ou desaprova uma peça teatral tendo-se por base a ideia que ela exprime, sem afirmar se lhe agradou ou não, dá um juízo moral, e não crítico [...] De uma pessoa que tem gosto se pode dizer que conhece a sua mente. Se, além disso, consegue dizer o motivo de sua preferência, ou se consegue basear o seu gosto em motivos práticos, é um indivíduo que possui a capacidade de crítica [...] Ao contrário, o entusiasmo simplista do indivíduo médio é uma desesperada procura de significado e segurança. Não havendo qualquer verdadeira convicção interior, o indivíduo da massa adere a qualquer ideia nova capaz de sustentar o seu vacilante Eu[11].

---

11 *Il piacere.*

9. Narciso, Édipo e o Hedonista

De uma pessoa que tem gosto se pode dizer que conhece a sua mente.

ALEXANDER LOWEN

O que ocorre quando o homem separou-se do divino e, caindo dos astros, precipitou-se sobre a terra para iniciar a busca sem fim das próprias origens? É este o objeto de reflexão de Giorgio Barbaglia e Aldo Tagliaferri, contida em livro publicado em 1998, com total desatenção da imprensa. "A ideia fundamental deste livro" – declaram na abertura os autores –

é a de ancorar a forma mais antiga de dialética, a heraclitiana de unidade e contraposição paradoxal dos opostos, em um mecanismo particular da psique infantil. Trata-se daquilo pelo qual a instância primária fundamental, a instância narcísica da onipotência, única e inefável, ao se tornar depois fatalmente indefensável, evita a própria anulação interior com um estratagema: o recurso de uma concessão a outra onipotência, externa e adversa, que seja o espelho de si própria, e que funcione, portanto, como um instrumento que a paralise e a conserve, a negue e a perpetue. Ela será a lei edípica da proibição[1].

Resumir o trabalho de Barbaglia e de Tagliaferri em poucas sentenças seria uma empresa desesperada, como desesperada é a procura conduzida pelo homem na tentativa de encontrar

---

1 *Uno e due.*

as razões interrompidas e distantes de seu estar sobre a terra, que o livro relata.

Uma procura provavelmente essencial para todos aqueles que não pretendem se deixar viver abandonados à própria inadequação, à própria incapacidade de realizar o sonho profano e secreto de reconjugação com os deuses; uma procura exatamente desesperada para o Narciso que o homem traz dentro de si e com ele, ciclicamente, nasce e morre. Uma procura impossível para aquele Narciso sonhador, envolvido na nostalgia da irreprodutível e inalcançável harmonia, usufruída durante os nove meses de simbiose estática, envolvido e protegido pelo líquido amniótico no interior do ventre materno, em condições de perfeito equilíbrio.

Para tentar contrastar e contrabalançar a própria desconfiança como Narciso nesta sua procura das razões profundas e ocultas do próprio ser, tragadas tanto pela memória perdida da remota proveniência astral quanto pela mais próxima recordação uterina, o homem então se projeta na mais acessível e prosaica procura do bem-estar, confiando numa outra projeção mitológica: a de um Édipo pronto para unir-se lateralmente, em oposição "dialeticamente heraclitiana", ao gene de Narciso. Como escreveu Aldo Tagliaferri,

na esteira da crise da concepção hegeliano-marxista da dialética, teve lugar um amplo debate que evidenciou, entre outras coisas, um forte retorno do interesse pelo pensamento de Heráclito, em torno do qual, como sublinham seus autores, gravava uma interdição que se pode fazer retroceder a Aristóteles. O pensamento de Heráclito postula que o um e o dois implicam uma passagem contínua e recíproca em sua respectiva oposição e não um terceiro fator, conciliativo e progressivo[2].

Fazendo recurso a um vasto quadro de referências nos campos das ciências humanas e no literário, os autores de *Uno e due* sustentam que não há dialética senão com o homem e no homem, quando a palavra repete o trauma da distinção entre o *si* e o mundo externo. A formulação célebre e exemplar de Heráclito, segundo a qual "o caminho abaixo e de cima é o mesmo", vem assim redigida para ilustrar a relação entre as

2 Ibidem, p. 72.

duas instâncias fundamentais da psique: Narciso, ou a aspiração ao absoluto, e Édipo, ou a lei da proibição. Na relação entre essas duas instâncias psíquicas, que, como se explica no texto em questão, são a mesma coisa, se encontra o núcleo da dialética como foi pensada por Heráclito. *Uno e due* explica também como Hegel havia deliberadamente desvirtuado a concepção dialética de Heráclito em proveito da sua[3].

Eis que agora a procura impossível de Narciso dá margem, em uma parte deste mundo, ao que é conflituosamente concreto no agir de Édipo, num percurso que, para nós ocidentais, é aquele mesmo traçado por nossa história, o da nossa evolução científica e tecnológica. Um percurso que, se não consegue reconduzir-nos até as raízes originárias e profundas do nosso estar na terra, nos aquieta e satisfaz, sempre momentaneamente, graças aos resultados práticos de um desenvolvimento que por meio da transformação profunda, e às vezes arriscada da natureza circundante, consegue incrementar enormemente o grau de bem-estar permitido durante o trânsito na terra; mas também graças à esperança de que exista uma resposta, uma via de fuga ou uma saída. A esperança, em suma, de que se possa reencontrar uma conciliação possível dos opostos em uma síntese pacificadora.

Num plano mais modesto e mais próximo de nossos interesses, observamos que o contínuo refinamento da tecnologia e dos processos de produção, comunicação e distribuição, de um lado, e de outro o reconhecimento da importância dos valores que reconduzem ao agradável e ao belo, com a consequente institucionalização do papel do design, levaram à transformação das mercadorias, em quantidade e qualidade, e, consequentemente, à transformação da paisagem artificial na qual vivemos.

Com dois resultados principais: um, quantitativo, que alargou para as massas a posse e o uso de objetos e de serviços que até há poucas décadas não eram permitidos nem mesmo ao *happy few*; outro, qualitativo, que dilatou e mudou profundamente a dimensão, a percepção e a medida do gosto ou, melhor dizendo, do bom gosto.

3 Ibidem, p. 336.

É curioso que o alcance desses dois resultados não tenha determinado um terceiro, aquele de fazer torcer a todos o nariz, mesmo aos próprios beneficiários da difusão do bem-estar e da elevação do nível médio de apreciação estética. Pois a paisagem artificial tende à homogeneização, ao cancelamento das diferenças reais através da concessão de um bem-estar material difuso, de modo que ela aparece como a ilustração do *impasse* a que nos conduziu a oposição não resolvida entre Narciso e Édipo, entre o dentro e o fora de si, entre o equilíbrio procurado no interior e o buscado no exterior do próprio ser, em um corpo a corpo com as leis que a realidade circunstante nos obriga a respeitar.

Um choque e um confronto que reconduzem, além de outras coisas, à profunda diferença histórica e cultural existente entre Oriente e Ocidente. Uma diferença que se mede, no desenrolar de nossa vida cotidiana ocidental, também na desequilibrada e insatisfatória relação entre o dinamismo contínuo expresso pelas mercadorias – que refletem também os estados progressivos de nosso bem-estar, fruto de nossa edípica atividade de transformação e domínio do mundo exterior – e a atenção bastante marginal dedicada à reflexão sobre o nosso ser. Uma reflexão que, quando tem lugar, reenvia quase sempre àquelas correntes do pensamento filosófico que fazem referência à tradição oriental.

Pareceria que, chamada a escolher a paráfrase da interrogação hamletiana, e devendo decidir entre Ser e Bem-Estar, a humanidade se tenha dividido, desembocando em percursos divergentes.

O homem ocidental parece ter optado por Édipo, deixando-se conduzir, fascinar e atrair por seu dinâmico ativismo em busca das fronteiras extremas do bem-estar, com um trabalho conduzido essencialmente fora e ao redor do próprio ser, que implicou transformações do espaço e do ambiente circunjacentes e lhe permitiu a fruição dos recursos. O homem oriental, ao menos na medida em que soube ou pode se subtrair ao processo de globalização econômica, pareceria, ao contrário, ter privilegiado as instâncias postuladas por Narciso, concentrando a busca no interior do próprio corpo e do próprio eu, na tentativa de dar uma resposta ao eterno problema do ser, recusando-se a se deixar seduzir pelas ilusões de um bem-estar talvez legítimo, mas rechaçado porque julgado desviante. A partida estava e continua em aberto.

A minha esperança de ocidental é que, no fim da estrada que nos parece conduzir, através da conquista do espaço e do domínio do tempo, à obtenção do máximo bem-estar possível, o homem saiba encontrar a essência profunda e as razões primordiais do próprio ser, que provavelmente residam também na justa medida do tempo e no uso respeitoso do espaço.

Se, pois, assumirmos que no início da aventura humana esteja o Narciso que nasce e morre no momento em que o homem nasce, abandonando a placenta e com ela a plenitude do todo; se assumirmos, além disso, que o itinerário para a conquista da plenitude perdida seja aquilo que vê o homem viver a história de seu Édipo, utilizando as mercadorias como próteses do bem-estar, capazes de compensar a perfeição perdida do ser, então poderemos, um pouco temerariamente, imaginar que um ponto de chegada aceitável poderia ser o de um homem novo, forte e justo, capaz de gerir a própria esquizofrenia estrutural, vestindo as roupas de Narciso e de Édipo. Elas lhe serviriam para viver plenamente o próprio hedonismo no equilíbrio empírico, garantido por uma elevada consciência capaz de guiá-lo na busca de todo prazer obtenível mediante um gosto seguro, permitindo-lhe exprimir juízos estéticos equilibrados e em harmonia com seu projeto de consumo e de vida, permitindo-lhe a conquista do bem.

Um homem que me agradaria que fosse reconhecido por todos como um hedonista virtuoso.

:: :: ::

O design origina, à luz dessas considerações, uma nova importância, por via de sua forte influência na definição de tantos elementos indispensáveis para construir, ao redor do homem que se fez Édipo, aquela "placenta artificial" que parece ser-lhe necessária para conseguir esquecer a outra, a natural, que o protegia no regaço materno e depois o gerou como Narciso, mas foi depois irremediavelmente perdida.

O design poderia então tornar-se o instrumento essencial para a definição e a construção dessa placenta artificial, capaz de comunicar, por meio da posse dos objetos artificiais, melhor se produzidos industrialmente e em série, um reconfortante sentido de poder. Se o design pudesse verdadeiramente assumir essa tarefa e desenvolver este papel importante, deveria obviamente ter-se muito bem presente que, como sustentava Lacan, "o objeto se apresenta antes de tudo como busca do objeto perdido", sempre, portanto, carregado de magia simbólica.

Segundo Aldo Tagliaferri, deveria limitar-me a acenar para a tese central de *Uno e due*, cuidando, porém, de fazê-lo com cautela e com muita discrição: ao invés disso, não soube resistir à tentação de alcançá-lo com as mãos cheias, como testemunha a parte introdutória do capítulo. E visto que agora estamos aqui, continuo o meu jogo de equilibrista, procurando relacionar a escolha edípica do homem ocidental e o design. Com efeito, o consumo dos produtos de design pode estimular o comprador potencial em duas direções opostas: induzi-lo a sair da massa, na tentativa de sentir-se parte de uma elite, ou induzi-lo a optar pelo desejo de ser parte de uma massa, quase alegrar-se com a própria massificação. O pobrezinho que incautamente acreditasse fazer parte do *happy few* só porque comprou um objeto igual àquele possuído por Gianni Agnelli, subvertendo a ordem da própria posição econômica na sociedade, poderia parecer talvez muito hedonista, mas resultaria certamente pouco virtuoso. Mostraria não ter compreendido que o design não pode garantir-lhe, em si, aquilo que não está em condições de oferecer-lhe, limitando-se a jogar com essa ambiguidade e excitando sua tendência narcísica.

O mercado não chegaria a permitir tais caprichos se a escolha de um objeto dependesse apenas de sua funcionalidade, beleza ou de seu caráter de prestação de serviço, enquanto Narciso, onipotente e bizarro, é capaz de induzir a querer fortemente um certo objeto, a pagar seu valor, às vezes exorbitante, com que o design contribui.

Pois na escolha de um objeto de design fortemente caracterizado, entram em jogo três fatores fundamentais que podem facilmente interagir, sobrepondo-se entre si e adaptando-se à lógica das contingências: a diferença da classe à qual se pertence ou se desejaria pertencer, o valor econômico, que não acompanha necessariamente o bom gosto, e o caráter individual como mistura pessoal de instâncias narcísicas e edípicas.

O design pode ser, enfim, imaginado como o instrumento apto a nos consentir a construção, ao nosso redor, de uma floresta artificial de objetos, capazes de substituir o paraíso natural duas vezes perdido: a primeira com a perda do microcosmo amniótico e, a segunda, com a perda progressiva de contato com o macrocosmo representado pelo ambiente, cuja deterioração cresce a cada dia sob nossos olhos. O design pode converter-se no motor e no instrumento de um desenvolvimento sustentável que contemple a divulgação do belo em escala mundial, mediante a produção em série, e a serviço de um consumo capaz de crescer mesmo qualitativamente, porque orientado por um gosto sempre mais qualificado culturalmente. De outro lado, como escreve Flaviano Celaschi, existe também

a consciência de que o sistema do design tornou-se um "setor à parte", produtor de tipos particulares de mercadorias; um setor do qual estamos ainda definindo os mapas [...] tentando fazê-lo comunicar-se por inteiro, como *unicum* e *locus* da produção do projeto como mercadoria, quase um distrito, e nos devemos render à sua crise, à impossibilidade de fazer coincidir o sistema do design dos produtos com o sistema do design das mercadorias, pois este último parece não ter limites, parece ser o universo com todas as suas complexíssimas instâncias e relações que seguem as ideias e a possibilidade de concretizar industrialmente os instrumentos de satisfação das necessidades[4].

É importante então, neste ponto, para poder falar de design, referir-se a uma noção compartilhada, aceitando uma definição que valha como enquadramento de campo. Coisa pouco fácil e nada dedutível, pelo fato de que o "campo" das definições do design já está ocupado por centenas de definições muito diferentes entre si[5].

Entre as numerosíssimas definições de design, há uma que usa a imagem de um quadrifólio, minúscula planta em botânica que, utilizada como artifício historiográfico, tornou-se, ao

---

4   *Il design della forma merce.*
5   P. Frello; R. Marcatti (orgs.), *Design: Riflessione, pensieri e opinioni dei protagonisti del progetto.*

longo dos anos, maior do que um carvalho e mais inaproximável do que um cacto colossal.

O quadrifólio *monstre* é o plantado por Renato Fusco em 1985:

> No nosso caso, não havendo uma definição rigorosa e exaurível do design, mas apenas uma genérica – ela se refere à produção de objetos, nascida de um projeto, portador de valores estético-funcionais, reprodutíveis em série graças à técnica industrial –, utilizamos esta noção elementar não para dizer que coisa é o design, mas para descrever como ele se manifesta, de que maneira o artifício historiográfico aqui proposto está no fato de que não se assume uma definição incerta do design, e sim a sua mais acertada fenomenologia. Esta resulta ser de uma estrutura invariante: quaisquer que sejam as concepções do design ou o campo particular que se queira examinar, a sucessão temporal de seus eventos etc., sempre estão presentes quatro fatores ou momentos que tornam a experiência do design um processo unitário: o projeto, a produção, a venda e o consumo. Todos se entendem como dados de fato e, ao mesmo tempo, como um "expediente" expositivo. Assumidos como dados de fato, embora correspondam a quatro fases sucessivas, não podem ser divididos, tanto é que nenhum deles se dá (ou não deveria se dar) a não ser em relação com todos os demais. Assumidos como parâmetros, como "artifício historiográfico", podem, ao contrário, ser distintos para melhor analisar a vasta rede de termos e de problemas pertinentes a cada um. Desse modo se terá um quadro conceitualmente unitário do design e, operativamente, quatro seções analíticas. A despeito disso, quero aqui insistir no fato de que o design não é considerado, neste livro, apenas como projeto, assim como pensa a maioria dos autores, e sim como um corpo formado de todos os parâmetros acima mencionados, como uma espécie de quadrifólio, um fenômeno por assim dizer uno e quádruplo.[6]

Essa definição tem vários méritos; o primeiro de todos é o de conduzir competentemente o design longe da secura de uma análise fechada e em torno da gênese e da análise do produto; nela se reconhece e põe-se à luz a dimensão fenomenológica do design, alargando a possibilidade de análise de todos os seus componentes, de um modo que reenvia ao modelo de pesquisa de Lévi-Strauss, mas evitando o risco em que cai o pensador francês ao hipostasiar, quando se obstina em querer explicar tudo e tudo reconduzir à individualização de uma estrutura, segundo ele presente em todas as coisas e capaz de explicá-las todas[7].

---

6 *Storia del design.*
7 *Il pensiero selvaggio.*

Uma estrutura que deveria ser tomada como verdade imanente e preexistente, que não teria necessidade de ser explicada, mas que representa apenas um princípio relativo, ao qual não é possível conferir valor absoluto, sujeito a cair no pecado de hipóstase, aquilo que designa negativamente um conceito abstrato ao qual se concede indevidamente a importância de valor absoluto[8].

Em seu ensaio, Lévi-Strauss atribui à obra de arte a capacidade de gerar uma "emoção estética quando a contingência se manifesta em três aspectos diversos, ou em três momentos distintos da criação (que ainda podem somar-se), isto é, ela se situa no nível da ocasião ou circunstância, da execução ou da destinação"[9]. É como dizer, em se tratando do design, que a contingência (o ato de projetar) deva encontrar-se com a oportunidade de uma execução (a produção), e que, por intermédio de uma sucessiva ocasião (a venda), se conclua ao encontrar sua destinação final (o consumo). Mas voltando ao nosso design, diga-se que, embora aderindo com simpatia à posição um pouco provocativa e gascoa, representada pelo consumidor em vestes de hedonista, o inventor do quadrifólio rejeitava qualquer possível transformação em virtuoso:

> De acordo, mas se o projeto do projeto é um metaprojeto (um sistema projetivo), se o projeto da produção é uma metaprodução (organização racional de uma manufatura), se o projeto de venda é uma metavenda (a estrutura distributiva, a promoção), como pode o projeto de consumo tornar-se metaconsumo? O que transcende e racionaliza o ato de compra e a utilização de um ou mais produtos?[10]

E prosseguia, quase deixando pressagiar uma abertura para minha hipótese, para assestar-lhe logo depois a estocada definitiva:

> Mas mesmo admitindo que se possa projetar o consumo, isso é factível para uma comunidade com programas, finalidades, tempos definidos (um colégio, uma escola, um grupo esportivo etc.), não para

---

8   A. Tagliaferri, *L'estetica dell'oggettivo*.
9   Op. cit.
10 R. de Fusco, Prefácio à Primeira Edição Italiana, em G. Cutolo, *O Hedonista Virtuoso*, p. 30.

um público genérico. Retorna-se, assim, à contradição, desta vez por meio do projeto entre hedonismo individual e coletivo [...]

Certamente, a cultura de massa é uma cultura do individualismo de massa, mas todas as pseudoteorias da manipulação e da heterodireção foram desmentidas pelo próprio fato de que os seus comportamentos não são previsíveis, e menos ainda projetáveis, e não o são mesmo quando identificam o bem com o prazer; daí a incompatibilidade, ao menos por ora, entre projeto de consumo e hedonismo.[11]

Tendo em vista as premissas e o desenvolvimento, a conclusão teria podido ser bem pior; em vez disso, De Fusco terminava deixando uma fresta de cauta disponibilidade, ditada provavelmente não apenas pela vontade de não ser cruel:

A proposta de Cutolo, ainda que amparada pelos exemplos que se aludem no texto, me parece não resolvida nos termos expostos e no estado atual da sua elaboração, mas não excluo completamente que, uma vez aprofundada, possa se tornar factível e operativa, porque, de qualquer forma, uma coisa é certa: se quisermos continuar a estudar a fenomenologia do design, é na componente do consumo que devemos insistir, representando o momento mais problemático e o menos indagado, mesmo sendo aquele que decide o resultado de todo o processo produtivo. Vista sob essa luz, a parte menos convincente do discurso se torna ao mesmo tempo a mais problemática, estimulante e aberta.[12]

Passaram-se muitos anos nesse ínterim, muitas coisas aconteceram no mundo do design e em seu mercado, e nós mesmos mudamos. Faz quinze anos que me surpreendi e ainda mais satisfeito pela atenção suscitada por meu ensaio, que não é senão uma tentativa muito tímida de defesa a favor do meu hedonista-virtuoso-consumidor- evoluído.

Hoje sinto algumas perplexidades acerca das argumentações destinadas a negar a possibilidade de existir um metaconsumo; negações que levam a excluir a hipótese de que o consumo possa ser projetado de maneira homogênea por hedonistas igualmente virtuosos, limitando essa eventualidade apenas às comunidades e associações de consumidores, contanto que tenham a finalidade de propósitos específicos e associativos.

11 Ibidem, p. 30-31.
12 Ibidem, p. 31.

Nos anos de 1991-1992 houve, primeiramente nos Estados Unidos e logo em seguida na Europa, um curioso fenômeno definido por alguns como *consumer's striker*, que viu massas de consumidores de diferentes países assumir uma postura de rejeição que lhes conduziu, imprevisivelmente, a dar as costas e a recusar aquelas mesmas mercadorias que até há alguns meses antes os faziam encher as lojas para comprar. Aqui e ali se pensou que o fenômeno devesse e pudesse ser explicado pela conjuntura econômica. Mas que assim não fosse logo resultou evidente, até o momento em que se percebeu estar frente a um fenômeno novo e de difícil interpretação.

Estava-se perante não a uma das tantas crises cíclicas, econômico-financeiras, e sim a uma crise de transformação estrutural, com a qual se concluía um longo período de substancial servilismo do consumo à produção. Um longo período durante o qual os consumidores foram manipulados pelos produtores e reduzidos à situação de súditos respeitosos e obedientes.

De maneira imprevista, ocorre nos primeiros anos da década um evento absolutamente excepcional, um fato não previsível, provavelmente determinado por uma tomada de consciência por parte de muitíssimos indivíduos, ocorrida em virtude de um processo de aprendizado coletivo e atual, um *learning by buying*, um aprender comprando, uma espécie de novo mecanismo endógeno, adquirido por meio da reiteração de gestos sucessivos de compra, que empurrou para um comportamento análogo uma massa de indivíduos, todos eles sujeitos a solicitações similares por longos períodos de tempo.

Era previsível, por outro lado, que a pressão exercida pela produção e pela distribuição para ratificar as ações que presidem os comportamentos de compra terminassem por homologar também as reações contrárias. E assim aconteceu que, de improviso e conjuntamente, milhões e milhões de consumidores tenham recusado os comportamentos a eles sugeridos e excessivamente martelados pelo *battage** promocional do sistema. A sequência convencional projeto-produção-distribuição-consumo não foi levada em conta, soldando designer e produtor,

---

* Em francês, no original, publicidade exagerada (N. da T.).

até então titeriteiros cúmplices, no maior desânimo. Por alguns anos, os responsáveis pela produção tentaram resistir, recusando-se a reconhecer quão profundo e irreversível era o novo estado de coisas, provavelmente convencidos de que os novos comportamentos dos consumidores, que lhes foram transmitidos durante reuniões empresariais com colaboradores externos e revendedores, fossem invenções e desculpas para explicar ou justificar as evidentes quedas de venda face às previsões. Finalmente, em um certo momento, pareceu claro a todos que chegara uma grande transformação nas relações entre produção e consumo e que, como sucede quando o vento muda, acontecera uma verdadeira e típica reviravolta; de modo que a nova sequência que regulava o andamento do mercado e as relações entre as partes se punha nesta ordem: consumo-distribuição-produção-projeto.

A primitiva concepção "produtocêntrica" do design, representada por um círculo tendo como centro o produto, veio a ser flanqueada nos últimos anos por uma segunda concepção, representada também por um círculo, tendo por centro a distribuição. A grande e verdadeira transformação já iniciada, mas ainda não consumada, pode e deve conduzir à definição de um novo território para o design, representado por uma elipse de superfície equivalente à soma de ambos os círculos, e tendo por focos o produto e a distribuição. Encontrar-se-ia, assim, uma brilhante solução, sinergicamente favorável à causa de uma melhor definição do design e de seu mercado, à contraposição aparente entre a centralidade do par teórico, expresso por "projeto-produção", e aquele pragmático e mercantil, expresso pelo par "consumo-distribuição". Parece ser um fato desde já observado que, mesmo se, como escreve De Fusco, "a cultura de massa é uma cultura do individualismo de massa [...] os seus comportamentos não são previsíveis [...] mesmo quando identificam o bem com o prazer", o novo consumidor, quer se queira considerá-lo hedonista ou não, e não importa o quanto seja verdadeiramente virtuoso, transformou-se de verdade, adquirindo uma notável dose de conhecimento específico, relativamente ao universo das mercadorias.

Um conhecimento que lhe permitiu, no plano terra a terra do cotidiano, no qual se vive a cultura material, a realização de um sonho há muito afagado pelo pensamento filosófico: aquele que por séculos predicou a ideia de que a busca do conhecimento obtido por meio do fazer representa o melhor caminho para se alcançar o bem, aquele bem que constitui a única fonte e a única garantia para a obtenção de um prazer autêntico e ininterrupto.

O grande design se manifesta raramente porque, citando ainda o que me escreveu Aldo Tagliaferri, após ter lido o primeiro esboço deste trabalho,

os grandes designers são seres raros; a maioria se limita a passar de uma contingência a outra, seguindo as "diretivas" do mercado e, portanto, movendo-se por detrás da funcionalidade e do lugar comum. Assim fazendo, correm menos riscos, de um ponto de vista econômico imediato, mas perdem com frequência o contato com o hedonista virtuoso, ser da mesma forma raro, que não pode contentar-se com o lugar comum, mesmo se este vem encoberto por justificativas "democráticas".

O hedonista virtuoso assume uma posição dinâmica, propositiva, sem render-se ao *status* atual das coisas manobradas pelo mercado, e apoia-se sobre o próprio desejo de criatividade e de emancipação das coações codificadas. Fazer a história do design não é fazer design. Em vez disso, deve-se meditar sobre a anedota relatada por Lévi-Strauss, aquela que nos fala de um chefe indígena que, levado a uma metrópole americana, desdenhava a grandiosa *skyline* dos arranha-céus e contemplava extasiado a maçâzinha de latão posta no fim do corrimão do hotel onde o haviam hospedado. À sua maneira, era um hedonista virtuoso.

Devo honestamente confessar que nunca teria pensado poder incluir hedonistas virtuosos também entre os chefes indígenas. Mas no fundo talvez seja apropriado; sempre se trata de uma minoria de malvados aparentes que, ao menos nos filmes, é sempre derrotada pelos *cowboys*, vanguarda de uma prepotente maioria de aparentemente bons, sempre vitoriosa. Uma maioria de bons *cowboys*, com os quais estamos, todavia, há muito identificados, acolhendo-os com o grito de "chegam os nossos"! Infelizmente, mesmo se não deixaram de vencer, continuam a fazê-lo nos iludindo e provocando danos continuamente.

Olhando os "nossos", que no entretempo chegaram e se instalaram um pouco por todos os lados, é pouco para se estar alegre acerca dos destinos futuros de amenidades tais como o luxo, a beleza e o bom gosto. Pois os nossos *cowboys* chegam, sim, primeiro à lua, mas depois, quando voltam para casa e repõem as roupas burguesas, estão sempre entre mobílias e roupas pouco elegantes! Além de ingênua e presunçosamente convencidos de que estar sentados com uma garrafinha de Coca-Cola e um hambúrguer seja um exercício de hedonismo de fronteira, em condições de permitir o encontro com o prazer, garantindo-lhe a conquista. Ofuscados pelo fascínio que sempre emana dos vencedores e enfeitiça as massas, os nossos *cowboys*, convertidos neste ínterim nos pouco simpáticos gendarmes do mundo, me fazem repensar com nostalgia na elegância natural dos indianos derrotados e na irresoluta contraposição entre tecnologia e conhecimento, entre cultura do desenvolvimento e desenvolvimento da cultura.

10. O Design do Luxo

Por séculos, o luxo identificou-se principalmente com a posse e a ostentação de objetos raros e, portanto, preciosos, fruto do talento e da maestria manufatora de exímios artesãos e da acessibilidade obtida graças à sensibilidade de avisados mercadores. Só há poucas décadas, com o aparecimento em cena do design para a produção de bens, foi-se afirmando progressivamente uma nova convergência entre luxo e indústria. A razão desse encontro reside no fato de que os valores materiais, tradicionais e tangíveis, legados fundamentalmente pela raridade e a preciosidade dos materiais utilizados, deixaram lugar a novos valores imateriais e culturais, expressos justamente pelo *industrial design*. A cultura do projeto, aplicada também à fabricação industrial de produtos de luxo, provocou sua transformação e diferenciação, gerando a mudança na própria noção de luxo. Eis então que, para as novas elites, a prática do luxo renovou-se, incluindo-se, ao lado dos poderes derivados do controle tradicional da riqueza, aqueles vinculados às mais novas manifestações da cultura material. Para essa minoria mais evoluída, o gozo tradicional, ligado ao processo e à exibição de manufaturados e mercadorias preciosas, regenerou-se, orientando-se em direção à busca de novos prazeres substitutos, provindos de outros valores e caracterizados por sua imaterialidade comum. E assim veio se formando uma nova aristocracia.

Ao contrário, o grupo heterogêneo de novos e velhos ricos, constituído por aqueles que continuam a pensar que o luxo consiste na posse de objetos tridimensionais, partiu-se. E ao se partir, cindiu-se em dois grupos diferentes, não tanto do ponto de vista econômico, expresso pela riqueza, mas por níveis diferentes de saber e adesão aos novos valores culturais. De um lado, encontramos os que podemos definir como progressistas, fascinados por objetos inovadores, considerados luxuosos por seus valores de projeto e de design, independentemente da riqueza do material com que são feitos. Do outro, os tradicionalistas, a defender um luxo feito propriamente de objetos baseados sobretudo na riqueza dos materiais empregados e na reiteração de valores tradicionais e seguros.

Minha convicção é a de que o novo luxo deva exprimir bom gosto e não apenas opulência, pois se quisermos crer nas teses idealistas de que o belo está na mente de quem olha, o bom gosto reside então no conhecimento, ou, melhor dizendo, naquele saber que se adquire tendo-se mente e olhos educados para a qualidade do bom design. Mente e olhos educados para reconhecer a presença e a originalidade daqueles valores imateriais que caracterizam a produção de objetos fabricados segundo os cânones que regulam a assim chamada cultura do projeto, ou seja, o design. Os produtos de luxo foram por séculos quase sempre apanágio do trabalho dos melhores artesãos e dos mais renomados artistas. Só há algumas dezenas de anos, graças ao aparecimento do design, registrou-se uma nova convergência entre os caminhos de um e de outro.

Convergência que não deixou de produzir êxitos mesmo inesperados, mas sempre mais evidentes, a partir do momento em que os produtos do luxo começaram a subordinar suas tradições e valores materiais tangíveis aos novos valores imateriais e culturais, expressos justamente pelo design.

Para os apaixonados por classificações, podemos levantar a hipótese da existência de três níveis de luxo: o luxo aristocrático, que se manifesta especialmente na busca e no gozo de privilégios absolutamente imateriais, tais como o espaço, o silêncio, a segurança, a tranquilidade e outros valores intangíveis assemelhados;

o luxo democrático, que, ao contrário, se caracteriza pela tendência a dar importância crescente aos valores materiais dos produtos, valores que se inspiram na cultura do design; e o luxo popular, que, por fim, permanece fundamentalmente devoto de uma preferência radicada nos valores tangíveis, representados pela riqueza material com a qual são feitos os objetos: metais, pedras raras, madeiras de lei, tecidos preciosos.

É fato que na esfera do luxo coabitam paixões aristocráticas e paixões democráticas, tradições e inovações, os tempos largos do mito e o breve da moda, de tal maneira que se torna possível sustentar um "direito ao luxo". Um direito que implica a superação das relações que atualmente ainda mantemos com as mercadorias, uma relação que continua a ser muito influenciada pela mentalidade daquela economia das necessidades que, ao menos nos países desenvolvidos do Ocidente, foi substituída pela economia dos desejos. Após muitos milênios de indigência, seguidos, graças à Revolução Industrial, por pouco mais de dois séculos de crescente possibilidade de satisfazer as necessidades, quiçá não se esteja dando início a uma nova sociedade que, graças ao design, reconhecendo para todos o direito ao luxo, consinta o acesso a novas categorias de bens, de serviços e de experiências, capazes de oferecer prazer respondendo aos desejos e não apenas às necessidades. Talvez, ao menos para aqueles que saibam se instrumentar com uma nova cultura material, abram-se as portas de uma nova realidade, de um mundo novo no qual todos os consumidores saberão crescer, transformando-se em hedonistas virtuosos. Se essa transformação vier a ocorrer, os produtos de design poderão deixar de ser um luxo cultural, vale dizer, poderão deixar de ser produtos destinados exclusivamente àqueles que disponham de um conhecimento, que possamos considerar como propriamente um luxo, um luxo cultural. De qualquer modo, mesmo os hedonistas virtuosos não devem compor-se com o mercado e com suas orientações, muito mais atentas aos valores econômicos do que aos culturais.

Como já evidenciamos no capítulo três, o velho luxo, baseado no processo de mercadorias uma vez raras, a partir de agora não é mais assim tão luxuoso. Todos os bens constituintes do catálogo dos desejos de ontem parecem cada vez mais anacrônicos, fatalmente destinados a acabar no catálogo do *kitsch*, onde se vão acumulando os produtos de mau gosto. O novo luxo não se assemelha em nada com o luxo que foi por centenas de anos e, mais do que isso, não poderá se confundir com a ideia de luxo que ainda hoje tem em mente a maioria das pessoas. O novo luxo não será mais representado por relógios de ouro e platina, de automóveis super velozes, iates, champanhe e vinhos *grands crus*, de restaurantes três estrelas e pulôveres de caxemira, das Maldivas cansativamente visitadas em voos superlotados em aeroportos cheios de gente, entre atrasos enervantes e esperas intermináveis. Pois hoje muitos dos luxos que eram reservados a poucos se tornaram bens de consumo praticamente ao alcance, senão de todos, certamente de um número muito grande de pessoas.

Já vimos que, no futuro, oito coisas se tornarão escassas: o tempo, a autonomia, o espaço, a tranquilidade, o silêncio, o ambiente ecologicamente são, a convivialidade e a beleza. No futuro, antes de tudo, viverão no luxo aqueles que, tendo tempo, melhor poderão dispô-lo e com mais prazer, resolvendo o paradoxo bastante atual que vê a batalha pelo tempo próprio e, sobretudo, aqueles que, embora dispondo de dinheiro e poder, deveriam desfrutá-lo. Mas a recuperação do valor do tempo, a possibilidade de poder finalmente dedicar mais atenção às coisas e pessoas que a mereçam presume uma autonomia tão preciosa quanto difícil de conquistar. Para concluir, parece evidente o valor da convivialidade pela sua capacidade de garantir uma comunicação interpessoal alegre, assim como o da beleza, grande antídoto à dor e primeira metáfora do prazer.

Substancialmente, tendo mudado os parâmetros da riqueza, também mudaram os parâmetros do luxo que, apesar disso, ontem como hoje, continua a se basear naquilo que escasseia, que é mais precioso porque raro. Todos os que se ocuparam com a evolução do luxo concordam em decretar o fim do luxo de ostentação, gozado como prazer derivante do processo e da exibição de bens raros e preciosos. Por outro lado, esse tipo de luxo, que por muito tempo conseguiu durar e que ainda sobrevive na confusão dos menos informados e na ignorância dos menos reflexivos, era e permanece, de qualquer modo, destinado a conduzir para um beco sem saída aqueles que o perseguiam e ainda o perseguem.

O novo luxo pareceria permitir a solução, dado que é difícil imaginar se possuir o tempo, a segurança ou o silêncio, assim como se possuem joias, pelicas, automóveis ou iates. Além do mais, enquanto era possível acumular e entesourar o velho luxo, graças à sua materialidade tridimensional, e, portanto, intangível, comporta outras modalidades de conservação e de proteção. O novo luxo parece desligado de qualquer ancoragem em critérios de valores estáveis e objetivos, resultando muito mais próximo de valores variáveis, expressos subjetivamente. Viver o novo luxo traz um problema refinadamente cultural, que pressupõe seja o saber conferir sentido às coisas que já se possuem, seja o saber selecionar aqueles luxos capazes de estimular novos desejos. Nesse sentido, o design pode ser visto como um *luxo cultural*, pois deitar-se em uma *Eames lounge chair* para ler, à luz de um lustre *Arco*, sem saber quem sejam Ray e Charles Eames e Pier Giacomo e Achille Castiglioni não diminui o prazer funcional proveniente da comodidade da poltrona e da boa qualidade da luz. Mas reduz o prazer intelectual. Pois a ignorância da história dos objetos, o desconhecimento de seus *softwares* diminui aquela espécie de valor acrescido, constituído por sua aura de obra de arte, produzida na época de sua reprodutibilidade técnica. Como sabemos, as obras de arte também o são em virtude de sua inutilidade funcional. Uma obra de design, diferentemente, vive uma existência dupla: não apenas funcional, mas também estética. Nas cadeiras que circundam a mesa de jantar nos sentamos no máximo quatro horas em cada vinte e quatro; portanto, elas possuem uma vida funcional ao lado de uma vida estética muito mais longa, a de objetos de contemplação. De maneira análoga, o lustre que está em nosso escritório faz a sua função de iluminar quando não é suficiente a luz natural, quer dizer, por seis ou oito horas em cada vinte e quatro. Na maior parte de sua existência não é julgada apenas pela luz que irradia, mas antes pela contribuição, positiva ou negativa, que traz para a definição estética do arranjo do aposento.

O encontro do design com o luxo impõe, em minha opinião, o esforço de todos os atores do sistema – criadores, produtores, distribuidores e comunicadores – com o objetivo de fazer crescer o conhecimento e a competência do comprador final. É preciso um investimento para formar e não apenas informar o consumidor, a fim de ajudá-lo a compreender como e por que o novo luxo pode exprimir bom gosto e não só opulência. Se é verdade que "o belo está nos olhos de quem olha", o bom gosto reside justamente no conhecimento ou, melhor dizendo, naquele saber que permite ter mente e olhos educados, em condições de compreender os novos valores como os veiculados pelo design. É preciso que os consumidores sejam educados para ver o mercado com olhos capazes de reconhecer a presença e a originalidade dos valores imateriais, que caracterizam a produção de objetos fabricados segundo os cânones da cultura do projeto e que, portanto, enriquecem nossa cultura material.

A partir da segunda metade do século XVIII, a produção industrial muda e, dando prova de uma nova sensibilidade, abre-se à experimentação prática de novas modalidades produtivas. Aproximadamente nos mesmos anos, tem início aquele trabalho de reflexão teórica destinado a individualizar e definir uma "estética industrial" original, desvinculada tanto dos cânones estéticos contidos nas manufaturas artesanais quanto daqueles provenientes do mundo da arte. A nova tendência produtiva vê um número crescente de indústrias entregarem-se gradualmente à pesquisa de novas formas, projetadas conforme princípios que levaram à atual concepção do design e, aquilo que mais importa, abandonando a imitação de estilemas pré-industriais, práxis bastante difundida durante a primeira parte da Revolução Industrial. É nesse contexto que o design inicia seu itinerário teórico e aplicativo, que alcança uma etapa importante nos primeiros anos do século XX com a definição do *industrial design*, resultado das experiências teórica e prática da Bauhaus alemã, uma experiência excepcional, ainda que animada por uma ideologia marcadamente utópica. Elementos que se reencontram na breve e intensa experiência subsequente da Hochschule für Gestaltung, de Ulm.

Pouco antes, nos últimos decênios do século XIX, o design havia conhecido, sobretudo na Inglaterra, por obra de importantes pensadores como Ruskin e Morris, a contraposição de uma nostálgica ressurgência a favor do artesanato, considerado, talvez não erradamente, capaz não apenas de ser um instrumento a serviço da economia, mas ainda da didática e da cultura.

Na segunda parte do século xx, o design conheceu, principalmente na Itália, um grande sucesso que levou o debate a respeito de sua definição e classificação a desenvolver-se, paralelamente ao seu perceptível crescimento e importância em vários setores, e o primeiro deles, certamente pela visibilidade como também pela dimensão econômica, o do mobiliário, da luminária e da decoração em geral.

Com o advento da industrialização e do desenvolvimento dos mercados, o tabuleiro do xadrez internacional se assenta sobre novos parâmetros que, por consequência, pedem e determinam novos equilíbrios políticos, sociais e econômicos. Em novo contexto, o luxo corre o risco de reduzir-se a mera noção histórica, considerando-se o processo de veloz democratização que faz com que o consumo a ele se sobreponham, sendo forçado a mudar de pele, como muitas vezes foi obrigado a fazer no curso dos séculos. A inovação sofre com a contínua manipulação instrumental, sobre a qual se sobrepõem as exigências de um marketing a serviço de um mercado ao mesmo tempo global e onívoro. O design deve adquirir maior visibilidade para obter o reconhecimento de um papel estratégico de alto perfil, que lhe permita contribuir de modo importante e eficaz para a definição de novos cânones estéticos da produção, prevalentemente industrializada, sempre mais consciente de dever ensinar e oferecer qualidade, e não apenas quantidade.

Desenvolvendo a sua cultura material, o consumidor pode, de sua parte, transformar-se num hedonista virtuoso, aprendendo a reconhecer a beleza e a alcançar uma felicidade mais verdadeira, porque não aquisitiva com dinheiro e não confundível com a posse do objeto.

Não há dúvida de que o empreendimento protagonista dos dois últimos séculos tenha sido a empresa industrial produtora de bens, aquela indústria que com seus produtos transformou o mercado, modificando profundamente e ao mesmo tempo os hábitos, os desejos e o modo de vida das pessoas. Aquela indústria que, na procura contínua de novos espaços para alimentar seu próprio desenvolvimento, inventou sem cessar novos produtos e novas modalidades promocionais e comerciais para afirmá-los e conservá-los. A tarefa dos serviços nasce da constatação da dificuldade que o mercado encontra para distribuir produtos sempre mais sofisticados e complexos, dos quais nem sempre o consumidor consegue entender com facilidade as modalidades de utilização. Em uma situação de grande difusão dos conhecimentos e das técnicas produtivas, as empresas sempre encontram maiores dificuldades para se diferenciarem. Essa necessidade de diferenciação e de melhor entendimento no mercado promove o nascimento e o desenvolvimento das empresas de serviços, fabricantes de novos produtos, parcial ou inteiramente imateriais. Produtos caracterizados pelo fato de serem compostos de elementos intangíveis, agregados ou sobrepostos àqueles componentes tradicionalmente tridimensionais e materiais. Podemos, assim, identificar como serviços o conjunto de matérias-primas e de bens que, enriquecidos por trabalhos intelectuais e competência particular, é capaz de, por exemplo, oferecer energia elétrica à imensa maioria de indivíduos e de empresas que não seriam capazes de adquirir os direitos de exploração de um espelho d'água (a *commodity*), para fazê-lo precipitar-se em uma ou mais turbinas (o produto) com o objetivo de produzir energia elétrica (o serviço). A força progressiva que permite a rápida afirmação desta nova categoria empresarial, capaz de desenvolver a empresa de serviços, reside na maior conveniência econômica que se cria, fazendo interagir a *commodity* com os bens, para depois enriquecer a combinação com o acréscimo de um ou mais elementos intangíveis, de maneira a obter um novo produto de maior complexidade, de melhor venda no mercado e maior margem de remuneração. Um novo produto chamado, justamente, serviço.

Com a economia dos serviços nasce uma nova categoria de empresa, conduzida por um novo empreendedor e fundada sobre novos princípios que deslocam o próprio epicentro do espaço fechado da produção para aquele aberto do mercado. A empresa produtora de serviço ultrapassa e põe progressivamente na sombra a empresa produtora de bens, aumentando o nível de complexidade da oferta, com o intuito constante de favorecer, orientar, influenciar e gerir uma demanda sempre mais exigente, em um mercado sempre mais global. Produzir e fornecer serviços requer a capacidade de "ir além", impondo à empresa fabricante de produtos não apenas produzir, mas aprender a promover e vender o que produz. Isso implica a necessidade de sair dos muros que delimitam os lugares em que se produz, abrindo-se ao mercado, dotando-se de aparatos eficientes de promoção e comunicação, abrindo locais de exposição e de venda direta, com os quais consegue interagir e dialogar diretamente com o mercado; mas também com a abertura de lojas e o acionamento de todos aqueles mecanismos comerciais capazes de conquistar os compradores, oferecendo-lhes não só produtos, como também uma vasta gama de conveniências ou, justamente, de serviços.

As variações no progresso do valor econômico, ocorrida desde os tempos em que a economia era essencialmente agrícola até os nossos dias, se reduzem a cinco momentos arquetípicos, cinco etapas que caracterizam e recapitulam uma história milenar. Uma história que inicia com 1. a troca de *matérias-primas* e materiais de base comuns no mundos animal, mineral ou vegetal, as assim chamadas *commodities*; 2. a troca de manufaturados tangíveis, produzidos inicialmente de modo artesanal e depois industrialmente, constituídos sobretudo por *bens de consumo*, que continua a evoluir em direção à 3. produção e oferta de *serviços*, vale dizer, de atividades intangíveis, personalizáveis com relativa facilidade, e que sucessivamente se tornam sofisticados em organizações de 4. eventos capazes de transformar a percepção e a fruição dos bens em *experiência*; e que se encaminharia para se tornar 5. mercado das *transformações*, aludindo às mudanças irreversíveis que podem ser provocadas naqueles que têm estado expostos à influência contagiosa de experiências organizadas, de maneira a se tornarem duradouras e mesmo inesquecíveis[1].

A teorização que subentende essas cinco passagens vem reproposta como referência ilustrativa das diversas modalidades de acesso e prazer a uma xícara de café. Os grãos de café necessários para preparar uma xícara, custando dois centésimos de euro, são adquiridos como matéria-prima em uma plantação; se, em vez disso, comprarmos o café não como matéria-prima, mas como bem, e, portanto, após terem sido

---

1 Cf. J.B. Pine e J.H. Gilmore, *L'economia delle esperienze*.

tostados, macerados e embalados, a mesma quantidade custará vinte centésimos; o custo é de oitenta centésimos se a xícara de café for tomada num bar, perto de casa. Mas indo além, pode-se tomar o café na atmosfera luxuosa de um restaurante renomado, onde, pagando-se seis euros, tem-se acesso a uma experiência agradável. E, para terminar, podemos formular uma última e mais fantasiosa hipótese, a de degustar a nossa xícara de café no interior histórico do Café Florian de Veneza, talvez numa tarde de clima temperado, enquanto o sol ilumina o palácio ducal e a praça San Marco com as cores de um poente vermelho e dourado, num cenário capaz de provocar uma transformação, quer dizer, uma experiência irreversível, inesquecível e duradoura, por quinze euros.

O tempo que estamos vivendo vê a lenta, mas progressiva, prevalência de uma oferta de serviços, empenhada em acrescentar e, quando possível, substituir a oferta tradicional de bens. Essa transformação procede, ao menos em nosso país, de maneira exageradamente lenta por causa da separação entre o mercado e o mundo da empresa produtora. Com efeito, é uma separação fundamentalmente cultural; mesmo quando a empresa abraça o credo da inovação e do design, e o utiliza para a definição de seus produtos, ela continua a olhar o mercado com mal dissimulada suspeita, permanecendo quase sempre encastelada no interior da fábrica, sentindo-se confortável com a estabilidade das regras que lhe asseguram o funcionamento e a eficiência. Mas sendo o mercado, por sua natureza, sempre mutante, pouco previsível e menos ainda controlável, ele é vivido pelo empreendedor como suspeito e olhado com o mesmo temor e a mesma desconfiança com que o homem do campo vê o mar. A necessidade de mudança, porém, aparece como urgente, pois mesmo aqueles empresários que, interpretando as variações da cadeia de valores descrita por Pine e Gilmore, deram vida a empresas distribuidoras de serviços, devem se preparar para competir com aqueles que já estão trabalhando com experiências ou realmente guiando os clientes para transformações, quer dizer, em direção a experiências duradouras. Em alguns setores mais avançados, esse novo modo de levar ao mercado as próprias ofertas de produtos já começa a se manifestar. Já se veem as primeiras tentativas concentradas na eficácia de propostas, tendo por finalidade produzir nos interlocutores uma experiência original, proveniente de mensagens portadoras de elementos coordenados de *software* e de *hardware*, sugerindo uma nova experiência mais complexa.

O futuro, que já começou e tem as suas raízes no presente hoje vivido, verá crescer os valores relativos da produção, paralelamente, primeiro, ao crescimento do mercado das experiências e, depois, das transformações. É preciso elevar o olhar para ir além. O desenvolvimento econômico futuro será certamente condicionado pelo desenvolvimento da cultura e, em particular, da cultura material. Grande relevância assumirá o processo já em curso da desmaterialização dos produtos, objetos de troca. "Aquilo que nós chamamos criação não só substitui o nada, mas é sua imitação. É este o potentíssimo germe que, escondido no pensamento oriental, mina internamente a criação *ex nihilo* própria do criacionismo ocidental". Como se pode deduzir também dos textos de Lacan, que aqui evocamos a fim de esclarecer, mediante o confronto, o alcance de uma concepção oriental do nada, a realidade não é o real, é imitação e virtualidade, mas o objeto que ela imita e substitui não existe. Quanto a Lacan, mais precisamente, como explica em "Os Escritos Técnicos de Freud", "o real, ou aquilo que é percebido como tal, é o que resiste de modo absoluto à simbolização"; a realidade, ao contrário, é tecida sob o ordenamento simbólico ou com a linguagem. Entendido conforme a perspectiva indiana, o real coincide com o nada e a criação a partir do nada conserva, com esse da qual provém, o nexo essencial: "é imitação do nada, declina o nada como ilusão". Partindo dessas premissas, Tagliaferri continua subdividindo a arte contemporânea em arte matérica e arte icônica, observando que

enquanto a arte icônica reenvia aos referentes intermediários formas individuais, a não icônica da matérica tem como referente próprio o nada, situando-se como aquilo que o substitui diretamente, imitando-o. A primeira, historicamente articulada sob diversas denominações estreitamente interdependentes (realismo, neorrealismo, hiper-realismo e similares) pinta a realidade, a segunda, o real[2].

---

2   *Una materia controversa*, *Il verri*, n. 22.

Transferindo tal modelo de análise crítica ao mais prosaico mundo do design, também aqui poderemos fazer a hipótese de uma subdivisão entre produtos reconduzíveis a uma matriz matérica e outros sustentados sobretudo por uma inspiração definível como icônica. Nos produtos matéricos, encontraremos aqueles mais fortemente contestadores que, refutando qualquer tipo de homologação e simbolização, pareceriam querer aludir ao nada e à dramática ausência de qualquer possível traço de real. Enquanto os produtos de tipo icônico seriam aqueles prontos para o compromisso com a realidade, a ponto de reivindicar um lugar à vista para exibir os seus valores simbólicos, ricos às vezes de valores de forma e de funções, mas irremediavelmente destinados a não ser nada mais do que uma ficção. A ficção de uma realidade que, embora fascinante e sedutoramente reflexa, não deixa de ser uma realidade meramente virtual. Se é verdade que a essência da arte reside naquilo em que se contemplando a obra não se vê, é também verdade que a sua revelação se manifesta apenas aos olhos de quem se enamora do conhecimento e do saber. Poder-se-ia agora sustentar que a relação que se estabelece entre os objetos produzidos pelas empresas de design e todos aqueles que os utilizam, limitando-se talvez a contemplá-los, seja uma relação tornada possível e valorizada pelo saber do consumidor, do usuário. Um saber propedêutico essencial para poder apreciar os futuros êxitos de um design, que se converterá em linguagem para a realização de propostas mais sofisticadas de produtos-serviços, de produtos-experiências e de produtos-transformações.

Frente a esse desconcertante cenário que parece anunciar o desaparecimento das mercadorias, deixando entrever uma nova economia fundada principalmente na troca de valores imateriais rarefeitos e privados de consistência tridimensional, devem ser necessariamente repensados e renovados os valores nos quais se ancoram a produção das mercadorias, mesmo aquelas destinadas a alimentar o novo luxo. Um novo luxo que, como temos visto, ao menos em parte e para um número bastante reduzido de fruidores, será constituído de coisas *soft*, intangíveis. Enquanto para um número social e democraticamente crescente de usuários, continuará a ser feito de coisas *hard*, de bens tangíveis, mesmo se a seleção e a aceitação destes últimos sejam sempre mais influenciadas e inspiradas em valores intangíveis e *soft* do design. De um design capaz de instaurar com o comprador um novo envolvimento, baseado em uma espécie de cumplicidade cultural mediada pelos objetos, que não serão mais escolhidos por parâmetros objetivos, expressões de seu valor material, mas mais frequentemente com base em critérios subjetivos, expressões de sua empática aderência ao gosto de cada um dos compradores. Assim se realizará, gradualmente, um processo de transformação cultural determinado pelas características das mercadorias, finalmente tornadas capazes de deslocar a atenção do comprador da vulgaridade dos valores expressos pelo peso dos materiais utilizados, para a refinada elegância de valores intangíveis que promanam de cada objeto de bom design. Um design que, a despeito das utopias socializantes dos pais fundadores, será sempre mais um luxo cultural exercido com maior discernimento por um número crescente de hedonistas virtuosos, os novos consumidores não manipulados, capazes de escolher autonomamente, orientados por um gosto individual sempre mais informado e educado.

Aquilo que a Itália conseguiu realizar nos últimos cinquenta anos na prática e na teoria do design, particularmente no mundo do mobiliário, da luminária e da decoração, lembra em muitos aspectos o que aconteceu alguns séculos atrás com as músicas instrumental e operística. Em ambos os casos, a extraordinária coincidência de talentos e de criatividade individual presentes num território restrito determinaram, num tempo relativamente breve, a invenção de uma nova linguagem formal e estética que rapidamente se estendeu para além dos confins geográficos italianos, propagando-se aos mais longínquos países. A extraordinária criatividade dos compositores italianos, da segunda metade do século XVII até o fim do século XVIII, deixou traços profundos na história musical de quase todos os países europeus. Paris, coração cultural da França e da Europa, construiu um teatro exclusivamente destinado à representação das óperas italianas e, justamente em Paris, Giovan Battista Lulli, compositor italianíssimo da corte de Luís XIV, afrancesa o próprio nome para Lully, embora tenha continuado a escrever, até a morte, música italiana. Operística, sinfônica ou de câmera, é italiana, ou *all'italiana*, a música que, por mais de um século se produz e se ouve em todas as grandes capitais. Graças ao grande talento dos maestros, como Giacomo Carissimi, Alessandro Stradella, Arcangelo Corelli, Alessandro Scarlatti, Antonio Vivaldi, Francesco Durante, Domenico Scarlatti, Nicola Porpora, Leonardo Leo, Pietro Locatelli, Baldassare Galuppi, Niccolò Jomelli, Niccolò Piccinni, Antonio Sacchini, Giovanni Paisiello, Domenico Cimarosa e tantos outros, assim como a numerosos musicistas, nascidos em várias províncias da Itália, foi elaborada e posta em circulação uma grande quantidade de música de qualidade que contribuiu para a redefinição dos cânones da composição, da execução e da representação, modificando o gosto musical do tempo e influenciando o desenvolvimento futuro. Essa hegemonia incontrastável chegou a definir uma nova linguagem musical, de tal modo difundida e característica, que se tornou a linguagem reconhecida não só da música italiana, mas da música *tout court*. A difusão da música italiana obteve um nível tal que induziu até mesmo grandes compositores alemães, franceses, russos e ingleses a utilizarem o italiano para seus libretos e para escandir as notações de tempo de suas obras instrumentais. Isso explica por que os personagens das óperas de Händel, Gluck, Mozart e de tantos outros cantam em italiano; e por que foram escritas em italiano as notações que Beethoven ou Chopin utilizaram para os movimentos de suas sonatas e sinfonias, nas quais se sucedem os *andante con moto, allegro ma non tropo, allegro con brio, adagio cantabile* ou o *presto assai*.

Análoga e extraordinária é a criatividade que se encontra na base do fenomenal sucesso que o *furniture design* italiano conseguiu conquistar no mundo inteiro, convertido em paradigma reconhecido do bom gosto internacional. Mas também modelo de um estilo de *interior decoration* inspirado por uma inovação constante e fantasiosa. O design italiano representa um verdadeiro código estilístico, tornado distinto com um sinal que agora identifica e caracteriza um design que já não é apenas italiano, após séculos e séculos de ditadura dos elementos franceses (estilos Luís XIII, XIV, XV, XVI); finalmente, nós, os italianos, conseguimos nos dar um estilo autenticamente nacional, um estilo rapidamente convertido em internacional: o estilo Louis Design.

Hoje, a criatividade do *italian furniture design* pode contar com um crescente número de designers, muitos dos quais nascidos longe da Itália, mas crescidos no rastro dos ensinamentos dos mestres fundadores Luigi Caccia Dominioni, Achille e Pier Giacomo Castiglioni, Ignazio Gardella, Gino Sarfatti, Carlo Scarpa, ativos desde a metade dos anos de 1950. Um ensino que depois prosseguiu nos anos de 1960 graças ao trabalho de Mario Bellini, Joe Colombo, Gianfranco Frattini, Vico Magistretti, Enzo Mari, Tobía Scarpa, Ettore Sottsass, Marco Zanuso. Nos anos de 1970 com o Archizoom, De Pas-D'Urbino-Lomazzi, Giancarlo Piretti, Richard Sapper, Kazuhide Takahama. Nos anos de 1980, com Giandomenico Belotti, Pier Luigi Cerri, Antonio Citterio, Toshiyuki Kita, Michele De Lucchi, Alberta Meda, Massimo Morozzi, Paolo Rizzatto, William Sawaya, Borek Sipek, Francesco Soro, Philippe Starck, sem esquecer as contribuições polêmicas de Alchimia e Memphis. Enfim, nos anos de 1990, com Fernando e Humberto Campana, Tom Dixon, Rodolfo Dordoni, Kontantin Grcic, James Irvine, Ferrucio Laviani, Piero Lissoni, Javier Mariscal, Jasper Morrison, Paola Navone, Marc Newson, Christophe Pillet, os irmãos Bouroullec, Denis Santachiara, Oscar Tusquets.

Para concluir, uma homenagem obrigatória deve ser tributada a vários criadores acima não mencionados, sublinhando-se que, para a definição estilística e a linguagem do design italiano, se tenha verificado a sua crescente internacionalização, consequência da abertura das empresas produtoras à contribuição milionária de um projeto cosmopolita. Uma abertura tornada possível pela coragem de empreendedores que acreditaram na conveniência de investir na pesquisa e na cultura, criando condições favoráveis para o desenvolvimento do design e para a sua promoção, a fim de obter uma maior relevância econômica no setor do mobiliário e no mercado de todo o mundo. É sob o olhar de todos que hoje as decorações *designed in Italy*, e não apenas *made in Italy*, contribuem de maneira determinante para elevar o nível do bom gosto de muitas casas em muitos países, levando para todos os lugares valores positivos de qualidade formal e estética, produzida conforme critérios de qualidade construtiva.

A confirmação subsequente do prestígio que a produção italiana obtete universalmente está no fato de que um número crescente de pessoas considere os produtos do design italiano como representativos de uma fronteira mais avançada do Novo Luxo. Esse que se expressa não tanto e não apenas por intermédio da exibição tradicional da riqueza dos materiais utilizados, quanto por meio da refinada capacidade de incorporar nos produtos valores imateriais de uma nova qualidade intangível, veiculada justamente pelo design. Design que na Itália se identifica com luxo cultural, signo distintivo e característico da nova fronteira do bom gosto. O bom gosto do design italiano.

Apêndice

Lembro que, nos tempos de escola, me senti muito surpreso ao descobrir que a Guerra da Sucessão Polonesa, ocorrida entre 1733 e 1778, entre a França, a Espanha e o Reino da Sardenha de um lado, e a Rússia, a Prússia e a Áustria de outro, tivesse tido como campo de batalha não as grandes planícies da Polônia, e sim uma vasta região alemã como a Renânia, e, sobretudo, um grande número de localidades, todas elas italianas, como Vigevano, Pavia, Cremona, Milão, Serravalle, Novara, Módena, Parma, Luzzara, Nápoles e Bitonto.

Era ainda bastante jovem e a minha percepção do espaço se baseava essencialmente na observação sonhadora das cartas geográficas, juntamente com a bastante modesta experiência da viagem de Turim, onde nascera, até Nápoles, onde a família dos meus pais retornara no final da guerra, após alguns anos passados em Tortona, localidade que minha mãe, improvidentemente, havia escolhido como local ideal onde refugiar-se e que resultou, ao contrário, ser um lugar de batalhas entre as facções de *partigiani* e fascistas, para fazer arrepender-se de ter saído de Turim, a qual, tudo somado, era bem menos perigosa.

Também por motivo dessa minha experiência limitada, a Polônia me pareceu agora bastante longínqua; não havia nunca percebido uma presença polaca em Turim nem em Tortona ou Nápoles, nem tinha ouvido falar desse distante país, no qual imaginava que todos tocassem ao piano melodias apaixonadas e patéticas; e muito menos havia lido sobre litígios dinásticos para conquistar o controle do governo. Sabia, no entanto, que de Bitonto chegava em casa um bom azeite. Isso, porém, mesmo para mim, criança, parecia improvável que a celebrada beleza do golfo de Nápoles e a renomada pureza do azeite de Bitonto pudessem constituir razões suficientes para explicar o cruzamento de grandes exércitos até o fim de nossa península, tão longe da Polônia, para batalhar em nome da sucessão polaca!

Esta perplexidade permaneceu em mim por todos esses anos, juntamente com tantas outras perguntas que ainda esperam encontrar uma resposta satisfatória, até que me acabou entre as mãos uma antologia com o elenco e o nome de todas as guerras de que se tenha memória histórica, com a indicação das nações combatentes, as datas e os locais das batalhas mais importantes.

Feita uma breve pesquisa, descobri que na Europa, durante cerca de 170 dos 322 anos que separam 1499 de 1821, houve 42 guerras com durações variadas, cujas batalhas se fizeram quase sempre, o que me parece de repente curioso, em países diferentes e frequentemente muito longe dos países beligerantes em campo.

As batalhas mais importantes de 23 dessas 42 guerras foram em território da península italiana e, particularmente, na Sicília, enquanto as batalhas de outras dezoito foram em território alemão; em uma só guerra os campos de batalha eram tanto italianos quanto alemães. Na maior parte dessas guerras, 29 exatamente, a França sempre esteve presente, sendo dezenove em terras sobretudo italianas e onze principalmente em território alemão[1].

Escreveu-se que "antes de 1494, as guerras da Europa ocidental eram sobretudo um fato de violenta administração doméstica", mas a verdade é que, a partir de então, por outros três séculos, se continuou a guerrear quase que ininterruptamente e não apenas pela administração doméstica[2].

---

1 Cf. G.C. Kohn, *Dizionario delle Guerre*.
2 Cf. J.R. Hale, *Guerra e Società nell'Europa del Rinascimento*.

As potências europeias lutam entre si pelo poder político e pelo controle do velho e do novo mundo, e o fazem com belicosa diligência, usando do próprio engenho para batalhar especialmente ao sul, talvez também à procura de climas mais moderados, visto que de 1450 a 1850, a terra esteve aparentemente sob um notável resfriamento climático devido a causas naturais.

É fato que, depois de 1494, com a chegada de Carlos V ao trono da Espanha, a França de Francisco I sente-se ameaçada e, por uma indomável rivalidade pessoal entre os reis, que em 1519 tinham respectivamente 19 e 25 anos, vai-se polarizando um feroz antagonismo entre as casas Habsburgo e Valois, tendo à volta de cada um dos contendores um corolário mutável de aliados e sustentáculos mais ou menos confiáveis e leais.

Que

em 1534-1544 Toulon se tornasse uma base naval muçulmana, completa de mesquitas e mercados de escravos, foi um índice significativo da angústia que afligia as relações internacionais. Por outros três séculos, a Europa política assemelhou-se a um mapa imobiliário e a guerra foi uma forma, socialmente aceitável, de aquisição de bens. O fato de que apenas em 1802 os reis ingleses deixaram de se proclamar em suas moedas também reis da França, dá uma ideia da tenacidade com a qual os monarcas-magnatas europeus da idade protomoderna insistiram sobre suas pretensões[3].

Levar as armadas a combater o mais longe possível de seus próprios confins é um hábito que, apesar disso, se encontra em todos os povos dedicados ao comando e ao domínio, e em todos os reis e governantes que se consolidaram como *condottieri* na intenção de conquistar novos poderes e terras.

Também a história destes três séculos, do fim do século XV ao início do XIX, confirma esse costume que faz par com aquele de sempre justificar as próprias incursões, mascarando-se em defensores das leis e garantes de direitos. Assim foi para os persas de Dario e de Xerxes, como para os romanos, ao menos até quando dispuseram de forças para dominar outros povos; assim foi para a França, a Inglaterra e a Espanha na idade moderna. E assim é ainda hoje.

3 Ibidem.

De modo que não é de se maravilhar ou surpreender-se que o século XX, apenas terminado, tenha sido definido como "o século americano", visto que os Estados Unidos conseguiram conquistar a *leadership* mundial com sua presença na guerra de 1915-1918, seguido pela bem mais determinante participação na de 1939-1945; guerra na qual obtiveram a vitória combatendo, em ambos os casos, bem longe de seus limites; assim como bem longe combateram todos os outros numerosos conflitos em que entraram, desde a sua fundação como Estado livre (Filipinas, Cuba, Coreia, Vietnam, Iraque ou Afeganistão).

O fato, portanto, de que a quase totalidade das batalhas ocorridas entre França, Espanha e Inglaterra nos duzentos anos de guerra que afligiram a Europa entre 1499 e 1821 tivessem por palco lugares e territórios longe dos confins territoriais dos contendores entram na ordem natural das coisas, tendo sido um fato corriqueiro, encontrável em todas as guerras de todos os tempos.

Mesmo a história europeia dos séculos XVI, XVII e XVIII relata a dominação exercida com alternada fortuna entre França, Espanha e Inglaterrra sobre a quase totalidade dos outros povos e territórios, tanto na Europa como no resto do mundo, estivessem os povos já constituídos em estados nacionais, seja com mais facilidade, em todos os casos em que não haviam conseguido dar-se uma ordem nacional, com limites definidos e defensáveis. Esses casos foram justamente os da Itália e da Alemanha, entre outros. Aquele exercido pela França foi certamente o domínio que resultou mais profundo e duradouro, presumivelmente por causa do *handicap* constituído pela insularidade não apenas geográfica dos ingleses, como do grande esforço não só militar dos conquistadores espanhóis com as colônias do novo mundo.

Mas, à parte a maior proximidade geográfica, a razão fundamental talvez seja a maior vivacidade cultural que os franceses tinham para expressar e que lhe permitiram aprofundar e consolidar suas conquistas militares com a sedução das ideias, dos ideais e da cultura, seja aquela maior, filosófica e literária, seja a menor, ligada à vida prosaica e material em seu desenrolar cotidiano. Armas, essas, bastante sofisticadas, que golpeiam muito mais profundamente do que as bélicas.

Deve-se aos franceses, de fato, a difusão daquela cultura material constituída pelo conjunto de todas as manifestações criativas e produtivas destinadas a melhorar a qualidade da vida cotidiana, primeiro dos reis, dos aristocratas e de todos os que viviam na corte, e depois dos burgueses, os grandes, médios e pequenos; enfim, das pessoas comuns, operários, empregados e lojistas, até as pessoas que povoavam os campos e pequenas cidades. E, como sabemos, o espírito de emulação induz cada um a olhar acima para aprender e imitar os usos e costumes, as maneiras de viver daqueles que, por estarem acima na pirâmide social e econômica, são assumidos como modelos. Pois os hábitos se propagam em cascata, enquanto aqueles que vivem no alto da escala social emanam um fascínio irresistível e contagioso, aos quais apenas poucos indivíduos, ética e culturalmente blindados, sabem subtrair-se.

Poder e riqueza exprimem a força daquele domínio que não se manifesta somente em taxar, legiferar, julgar e governar, mas entra na privacidade dos súditos, influenciando-os, até e sobretudo, nas pequenas coisas que determinam a qualidade da vida de cada um, a começar pelo desenvolver-se o cotidiano dos ritos e dos mitos da alimentação, para passar depois à vestimenta e ao mobiliário.

E mesmo quando os súditos se emancipam e assumem o papel mais evoluído de cidadãos, aqueles que controlam o poder continuam, de maneira talvez mais mediata e sub-reptícia, a trabalhar para influir nas escolhas de todos, mesmo naquelas aparentemente mais íntimas e pessoais.

Em sua famosa poesia, Jacques Prévert se pergunta ironicamente se os reis de França não saberiam contar mais do que isso, visto que se detiveram em Luís XVI[4]. É fato, no entanto, que mesmo se fosse verdade que os Luíses não conhecessem matemática, sabiam muito bem contar. Contavam o suficiente para terem deixado, quase todos, o próprio número escrito em letras romanas para designar não só um estilo de decoração, mas um modo de vestir, de comer, de pintar e de comportar-se, de maneira a caracterizar o tempo do reinado mediante a codificação meticulosa de quase tudo, de cada gesto e de cada coisa.

4   Cf. *Parole*.

O que induziu um famoso designer italiano, cujo nome não me recordo, a observar que, enquanto os franceses tinham tantos estilos, entre os quais Luís XII, Luís XIII, Luís XIV, Luís XV, a nós italianos nos tocava apenas um, que ele sarcasticamente definia como *estilo luís design*.

Mas retornemos um momento às tantas batalhas que se desenvolveram em breves intervalos e ininterruptamente na Itália e na Alemanha por centenas de anos, com seus imagináveis e dolorosos saques e espoliações de edifícios públicos, de igrejas, casas de campo e de cidade, palácios e palacetes de ricos senhores, mas também de camponeses e de artesãos, de gente pobre. Produtos e valores de todo tipo eram saqueados e levados para longe, para os lugares de origem dos predadores; o butim acumulava móveis e outros elementos de decoração, enfeites, bibelôs, joias, tecidos preciosos, objetos de grande artesanato e obras de arte, frequentemente sublimes, às vezes únicas.

Sem esquecer que, juntamente com os saques e as espoliações se procediam também àqueles ritos bem mais profanos que têm por propósito de animar o repouso do guerreiro, permitindo-lhe consumir no lugar parte do butim, *in natura*. Não é preciso uma grande fantasia para imaginar que aos guerreiros franceses, ingleses e espanhóis, e aos seus aliados, devesse convir e agradar as deliciosas e inumeráveis carícias oferecidas por nossa terra, em particular a refinada bondade de nossos alimentos e a acessível beleza de nossas mulheres.

Sob uma verdadeira e típica enxurrada, que por séculos lavou e fez sofrer o mais recôndito povoado, a nossa península foi gradualmente reduzida, não só poeticamente, a *lugar de pátios musgosos, dos foros cadentes*. Depois do saque de Roma, obra dos lansquenês de Carlos V, a Itália foi atravessada secularmente por inúmeros exércitos, maltratada por milhares de saqueios de grandes cidades, mas também de pequenos centros, vilas e burgos, de preciosas igrejas rurais e de monastérios, de um número enorme de localidades não suficientemente notáveis para serem mencionadas e lembradas nos livros de história, mas nem por isso com menos apetite dos mercenários estrangeiros.

⁝ ⁝ ⁝

Em minha opinião, são justamente nesses eventos que se encontram as razões que fazem da Itália e da Alemanha não só os dois maiores produtores, mas também os dois mercados que mais consomem produtos de design para o mobiliário e a decoração.

Parece-me razoável atribuir esse fato também aos acontecimentos históricos que recordei, que determinaram uma grande procura por mobiliário de identidade nova e original, para completar o grande vazio deixado por séculos de devastação. Uma identidade que, nascida da rejeição aos modelos provenientes dos velhos países dominantes e favorita na ausência de propostas de mobiliário do novo padrão americano, buscou a sua resposta no design, que obviamente na Itália e na Alemanha conheceu e ainda conhece a mais alta aceitação por parte de toda a gente.

Se hoje justamente a Itália e a Alemanha representam os dois mercados em que é mais evidente o sucesso do design de móveis e de decoração, isso se deve também ao fato de que ambos os países pagaram o preço material mais alto no último século, durante o qual tiveram que suportar não apenas as consequências dos poderes político, militar como também da hegemomia cultural de outros países.

Na Itália como na Alemanha, o design serviu ainda para manifestar em definitivo a liberação da dependência, decretando a conquista de uma identidade nacional e conferindo uma nova unidade e dignidade formal e estilística à massa de objetos e decorações de que tinham extrema necessidade. Pois era preciso substituir com muitas coisas a voragem praticada por séculos de furtos e de saques.

Quadro Histórico

NÚMERO		NOME DO CONFLITO	NAÇÕES EM CONFLITO	LOCAL DO CONFLITO
1	1499-1503	Guerra Turco-Veneziana	Veneza / Império Otomano	Alpes-Vicenza
2	1499-1503	Guerra na Itália de Luís XII	1ª Fase França, Veneza, mercenários suíços / Ducado de Milão	Novara
			2ª Fase França / Espanha	Cerignola, Garignano
3	1508-1510	Guerra da Liga de Cambrai	França, Sacro Império, Espanha, Júlio II / Veneza	Agnadello
4	1510	Guerra de Ferrara	Júlio II / Ferrara	Ferrara
5	1511-1513	Guerra da Liga Santa	França, Ferrara / Veneza, Espanha, Inglaterra, Júlio II	Ravena
6	1515	Batalha de Melegnano	França, Veneza / Ducado de Milão	Melegnano
7	1521-1526	Primeira Guerra Italiana entre Carlos V e Francisco I	França / Sacro Império	Biccoca e Pavia
8	1526-1530	Segunda Guerra Italiana	França, Clemente VII, Milão, Veneza e Florença / Império	Roma, Landriano e Florença
9	1531-1536	Guerra de Lübeck	Lübeck, Liga Hanseática, rebeldes dinamarqueses / Dinamarca e Suécia	Lübeck
10	1535-1538	Terceira Guerra Italiana	França / Sacro Império	Turim
11	1537-1540	Guerra turco-veneziana	Império Otomano / Veneza	Puglia
12	1542-1544	Quarta Guerra Italiana	França / Sacro Império, Inglaterra	Ceresole
13	1546-1547	Guerra da Liga Esmalcádica	Saxônia, Assia, Lüneburg / Sacro Império	Mühlberg
14	1547-1549	Guerra Habsburgo-Valois	França, Siena / Espanha	Turim, Siena, Reino de Nápoles
15	1609-1614	Guerra pela sucessão do Jülich	Brandemburgo, Palatinado, França, exército protestante / Áustria	Jülich
16	1618-1623	Guerra Boêmio-Palatina	Armada protestante / Baviera, Espanha, Liga Católica	Wimpfen, Heidelberg

NÚMERO		NOME DO CONFLITO	NAÇÕES EM CONFLITO	LOCAL DO CONFLITO
17	1628-1631	Guerra de sucessão do Monferrato	França, Siena / Espanha	Ceresole, Mantova
18	1630-1635	Guerra Sueca	Suécia, Saxônia e Brandemburgo / Império	Pomerânia, Magdeburgo, Breitenfelden, Renânia, Lechs, Augusta, Munique, Nuremberg, Lützen e Nordlingen
19	1635-1648	Fase francesa da Guerra dos Trinta Anos	França, Suécia e Holanda / Espanha, Império	Rheinfelden, Breitenfelden, Jankau
20	1635-1648	Fase francesa da Guerra dos Trinta Anos	Duque de Anjou, rebeldes / Espanha	Itália
21	1647	Revolta de Masaniello	Suécia e Brandemburgo / Polônia, Holanda, Dinamarca e Noruega	Nápoles
22	1665-1660	Primeira Guerra Nórdica	Suécia e Brandemburgo / Polônia, Holanda, Dinamarca e Noruega	Schleswig-Holstein
23	1672-1678	Terceira Guerra Holandesa	França, Inglaterra (até 1674) / Holanda, Espanha, Sacro Império	Sinzheim, Turckheim
24	1674-1679	Revolta de Messina	França, rebeldes / Espanha, Holanda	Messina
25	1688-1689	Luís XIV invade o vale do Reno	França / Sacro Império, Principados alemães	Palatinado, Trier, Mainz, Colônia, Francônia, Suábia
26	1688-1697	Guerra da Grande Aliança	França / Inglaterra, Espanha, Áustria, Holanda, Suécia, Baviera, Sacro Império, Baviera, Saxônia, Palatinado	Saxônia
27	1700-1721	Grande Guerra Nórdica	1ª fase: Suécia / Dinamarca, Rússia, Polônia 2ª fase: Suécia / Polônia, Rússia, Prússia, Saxônia, Dinamarca, Hanover	Saxônia; Pomerânia, Holstein, Stralsund
28	1701-1714	Guerra da Sucessão Espanhola	França, Espanha, Baviera / Sacro Império, Inglaterra, Holanda, Brandemburgo	Cremona, Piemonte, Donauwörth, Blenheim
29	1718-1720	Guerra da Quádrupla Aliança	França, Inglaterra, Países Baixos, Sacro Império / Espanha	Sicília

NÚMERO		NOME DO CONFLITO	NAÇÕES EM CONFLITO	LOCAL DO CONFLITO
30	1733-1738	Guerra da Sucessão Polonesa	França, Espanha, Reino da Sardenha / Rússia, Prússia, Áustria	Vigevano, Pavia, Cremona, Milão, Serravale, Novara, Tortona, Módena, Parma, Luzzara, Bitonto, Nápoles, Renânia
31	1740-1748	Guerra da Sucessão Austríaca	1ª fase: França, Espanha, Prússia, Baviera, Saxônia / Áustria, Inglaterra, Países Baixos 2ª Fase: França, Espanha, Prússia / Áustria, Saxônia, Inglaterra, Holanda, Reino da Sardenha	Asseta, Baviera, Dettingen, Hennersdorf, Kesseldorf
32	1756-1763	Guerra dos Sete Anos	Prússia, Inglaterra / Áustria, França, Rússia, Saxônia, Suécia	Saxônia, Hosbach, Zorndorf, Krefeld, Minden, Berlim, Torgau
33	1778-1779	Guerra da Sucessão Bávara	Áustria / Prússia, Saxônia	Boêmia
34	1793	Guerra da Primeira Coalisão Antifrancesa	França / Áustria, Prússia, Inglaterra, Espanha, Holanda, Rússia, Reino da Sardenha	Magúncia, Kaiserslautern
35	1796-1797	Campanha da Itália de Napoleão	França / Áustria, Prússia, Inglaterra, Espanha, Holanda	Cairo Montenote, Millesimo, Lodi, Arcole, Rivoli, Milão, Mântova
36	1798-1799	Revolta Napolitana	França, patriotas napolitanos / Inglaterra, Bourbons, Safedisti	Nápoles
37	1800-1801	Segunda Campanha da Itália de Napoleão	França / Inglaterra, Áustria e Rússia	Gênova, Cassano, Novi, Marengo
38	1803-1814	Guerras Napoleônicas	França / Rússia, Prússia, Áustria, Suécia	Lipsia
39	1805	Guerra da Terceira Coalisão Antifrancesa	França, Espanha / Áustria, Suécia, Rússia, Inglaterra	Ulm, Ratisbonn
40	1806-1807	Guerra da Quarta Coalisão Antifrancesa	França / Inglaterra, Rússia, Prússia	Iena, Averstädt
41	1820-1821	Revolta Napolitana	Patriotas napolitanos / Santa Aliança	Nápoles e Palermo
42	1821	Revolta Piemontesa	Patriotas piemonteses / Áustria, Reino da Sardenha	Novara.

Para Um Design Antropófago

UMA ESTRATÉGIA PARA CONSOLIDAR
A IDENTIDADE NACIONAL BRASILEIRA

> *Antes dos portugueses descobrirem o Brasil,*
> *o Brasil tinha descoberto a felicidade.*
>
> OSWALD DE ANDRADE

> *Em nossos dias não se pode julgar a importância*
> *efetiva de um povo pelo produto bruto, pela renda*
> *nacional per capita e nem mesmo pelo nível tecnoló-*
> *gico e científico. É preciso avaliar a sua capacidade de*
> *criação cultural radicalmente inovadora.*
>
> MARIO SCHENBERG

Em seu "Manifesto Antropófago", Oswald de Andrade propõe "a deglutição, assimilação e rejeição no processamento de valores, como condição prévia para proclamarmos nossa independência"[1]. O antropófago evocado por Oswald devora o outro visando incorporar novos valores, diferenciando-se profundamente do canibal que, ao contrário, visa exclusivamente

[1] *Revista de Antropofagia.*

apagar sua fome. Dizia Oswald que: "Os novos 'antropófagos' propunham a reconquista da dignidade humana que o índio havia perdido com a submissão de sua cultura." Aquela submissão cultural que, além de destruir a dignidade humana do índio, continuou afetando o Brasil pós-colonial, mesmo depois de alcançada a independência política. Independência política limitada por muito tempo pela dependência econômica do sufocante poder norte-americano.

Depois de dezesseis anos de bons governos, que consentiu ao país uma tranquila consolidação democrática e um impressionante crescimento econômico, o Brasil de hoje dispõe finalmente dos meios necessários para responder ao "Tupi or not tupi?", a hamlética pergunta sarcasticamente e provocativamente lançada pelo genial Oswald. Para responder a este tipo de interrogação, cada novo rei da França, desejoso por afirmar sua própria identidade, tal como sua original autonomia cultural, inaugurava seu governo caracterizando-o com um novo estilo de vestir, de decorar, de comer, transformando todos os aspectos da "cultura material" de seu tempo.

O novo Brasil deveria seguir um percurso análogo, visando a afirmação dos seus originais valores culturais sustentados pelos valores econômicos, sociais e políticos recentemente conquistados. Para sustentar tal projeto é necessário promover um programa de iniciativas fundamentado nos princípios básicos do design, e que deu seus melhores resultados na Europa, contribuindo na definição da identidade nacional de muitos países, e que já modificou tanto a paisagem doméstica quanto a dos espaços públicos e coletivos, contribuindo para melhorar a relação entre o homem e o seu entorno. Aquele design virtuoso e sustentável, a serviço do homem e da cidade, respeitoso e atento também ao equilíbrio do planeta.

No capítulo de *Obra Aberta* intitulado "Do Modo de Formar Como Compromisso Com a Realidade", falando sobre o inquestionável problema da alienação, Umberto Eco ressalta como, mesmo se fosse possível resolver o problema da alienação econômica à qual se refere Marx, todavia permaneceria o problema da alienação do homem dentro do seu contexto antropológico. Visto que, como Eco diz, permanece evidente que "pelo próprio fato de viver, trabalhando, produzindo coisas e entrando em relação com os outros, estamos *na* alienação."[2] De maneira quase profética, estamos em 1963, Eco antecipa que os efeitos negativos dessa alienação, estrutural e ineliminável, poderiam talvez ser atenuados até chegar a ser mais toleráveis graças ao design.

O *industrial design* parece resolver o problema: une a beleza à utilidade e nos devolve uma máquina humanizada, na medida do homem. Um liquidificador, uma faca, uma máquina de escrever que exprimem suas possibilidades de uso através de uma série de relações agradáveis, que convidam a mão a tocá-los, acariciá-los, usá-los: eis uma solução. O homem integra-se harmoniosamente em sua função e no instrumento que a possibilita.[3]

Mais recentemente, os irmãos Campana, designers brasileiros que obtiveram o reconhecimento de seu trabalho criativo na Itália, entrevistados por uma revista inglesa, observam que:

A produção artesanal poderia ser um precioso instrumento para o desenvolvimento do design no Brasil, frente à possibilidade de adaptá-la às eventuais necessidades. Seria possível repetir o que foi feito na Itália pós-guerra, nos anos cinquenta, quando os artesãos foram induzidos pelos designers a responsabilizar-se pela própria produção. As empresas brasileiras deveriam aprender a aceitar alguns riscos e desistir de copiar o que se faz na Europa, olhando com maior atenção para aquilo que às vezes têm ao lado de sua própria casa.[4]

O design italiano, sobretudo aquele dedicado ao projeto de móveis, luminárias e decoração, tornou-se, em conjunto com os produtos de moda e alimentares, um dos elementos que mais e melhor caracterizam a nova identidade nacional. No chamado imaginário coletivo, a Itália das três "A": Arredamento, Abbigliamento e Alimentazione (Decoração, Vestuário e Alimentação) tomou o lugar da Itália das três "M": Mafia, Maccheroni e Mandolini (Máfia, Macarrão e Bandolim), modificando radicalmente, e de maneira positiva, o modo pelo qual um país se representa, se comunica e como é percebido, sobretudo no exterior. Na Itália, essa mudança começou a partir

2   *Obra Aberta*, p. 234-235.
3   Ibidem, p. 235-236.
4   Intervista, *Wallpaper*.

da primeira década após a Segunda Guerra Mundial, quando um grupo de arquitetos milaneses começou a trabalhar rumo a um mesmo objetivo: participar da reconstrução pós-bélica, seguindo as linhas de um ambicioso programa que previa a renovação do país "dal cucchiaio alla citta", desde a colher até a cidade. Estimulada pela rica e dinâmica burguesia empresarial milanesa, desejosa de poder comunicar e exibir seu novo bem-estar, iniciou-se uma profunda transformação. Graças ao design, os elementos de decoração doméstica de nova produção começaram a substituir, gradualmente, o anacrônico acúmulo de cópias de todos os estilos de decoração, mais ou menos bastardos, em uso prevalente até aquele momento. Desse modo, inicia-se uma lenta e profunda modificação da paisagem doméstica. Antes em Milão, depois na Lombardia e no norte mais rico e industrializado e por fim no resto da Itália, a nova produção de objetos inspirados nas regras do bom design conquista o crescente interesse dos consumidores, contribuindo para o gradual crescimento da "cultura material" do país.

Nesses últimos cinquenta anos, o design alçou literalmente seu voo, seja entrando com força em uma miríade de outros setores mercadológicos, seja abrindo-se como disciplina a uma vasta multiplicidade de variantes aplicativas. Atualmente o design já é a linguagem de uma nova metodologia que não se declina somente como *product design*, mas também como *graphic design, car design, fashion design, concept design, strategic design, experience design*, etc. Se hoje em dia uma parte da produção industrial é guiada, não somente pelos valores da economia e da funcionalidade, mas também pelos valores da beleza e da sustentabilidade, isso é devido ao design. Hoje, graças ao design, as novas tecnologias que se oferecem continuamente à produção são utilizadas para melhorar não somente a funcionalidade, mas também a estética, garantindo a sobrevivência do planeta Terra também. Conjugado desta maneira, o design se configura como uma espécie de "neo--humanismo hedonístico pós-industrial", comprometido a fazer sempre mais amigável e agradável o encontro do homem com o produto fabricado pela máquina.

Nós somos conscientes de que o desenvolvimento futuro do design deverá necessariamente preocupar-se com aquela grande parte do planeta que, até o momento, permanece excluída do crescimento do consumo devido ao atrasado desenvolvimento econômico. Estamos convencidos de que o projeto "D4sb" (Design for Social Business) nascido da recente colaboração entre o IED (Istituto Europeo di Design) e Muhammad Yunus, prêmio Nobel da Paz 2006, conhecido como o banqueiro dos pobres, abre um caminho extremamente interessante para o design. Ao mesmo tempo, estamos convencidos de que o desenvolvimento do design no Brasil só poderá realizar-se se acompanhar as contínuas melhoras das condições econômicas e sociais gerais do país.

Também somos conscientes do fato de que as transformações de um país ou de um mercado não podem ser impostas por um decreto do governo ou do alto das cátedras universitárias, mas podem somente florescer graças a um movimento programado. Um movimento capaz de obter o apoio da vontade política e que seja capaz de estimular e harmonizar sinergicamente diversos fatores convergentes, tais como o sistema educacional e de formação, os empresários das produções, da distribuição, os designers e os consumidores finais. Um verdadeiro movimento cultural, portanto.

Somos também conscientes do enorme potencial do Brasil, assim como da eficácia do design como instrumento para a revisão da produção dos objetos que concorrem para com a definição da paisagem na qual vivemos. Aquela doméstica e privada e mais ainda aquela coletiva e pública, da qual nos parece evidente o grande valor social. Estamos também convencidos que, com oportunos investimentos privados e com a colaboração das instituições, os produtos e os serviços "designed in Brazil" poderiam contribuir não somente na definição de uma original identidade nacional, mas poderiam também ser exportados para ilustrar e promover a nova criatividade brasileira em todo o mundo. Cumprindo desta maneira uma tarefa cultural, social e econômica ao mesmo tempo.

No entanto, seria ilusório esperar que novos produtos, mesmo que de grande originalidade, projetados por grandes talentos, possam ser capazes de redefinir, por si próprios, a identidade de um grande país como o Brasil. Ethel Leon tem razão quando nos lembra que:

Nós brasileiros, debatemos há anos a questão da nossa identidade, como obrigação de parecermos únicos ou como a necessidade de uma política particular claramente reconhecível no mundo. [...] Não exibir uma poética própria, exclusiva, não é o problema do design brasileiro. [...] Uma das produções mais aplaudidas de design no mundo, a italiana, consegue reunir artefatos tão díspares entre si como os assinados por Marco Zanuso ou por Ettore Sottsass. E talvez o único traço comum a todos, que lhes confere atributo de "escola", seja a capacidade de invenção formal e a inserção dos artefatos no debate cultural contemporâneo.[5]

O design é certamente um dos instrumentos fundamentais para o crescimento econômico e cultural de toda comunidade contemporânea. Para que o design possa contribuir à transformação virtuosa da sociedade brasileira, ele necessita que seus produtos provoquem um grande debate cultural. Um debate capaz de trazer proveito de todas as inteligências e todas as criatividades, ainda que conflitivas entre elas, para chegar à configuração de um "conjunto cultural" do qual o Brasil tem grande necessidade e do qual poderia obter grandes vantagens. Este debate, conduzido com autêntica originalidade, deveria trazer proveito da grande lição contida na metáfora antropófaga oswaldiana, mas mutuando os valores do campo da poesia e da cultura literária ao campo do design e da cultura material. E deveria incorporar oswaldianamente "a contribuição milionária de todos os erros", presente nas experiências daqueles que nos precederam.

Na história do Brasil existe o excepcional exemplo de como é possível fazer muito e fazê-lo bem em pouco tempo. De 1808 a 1821, o Rei Dom João VI colocou as bases que consentiram e garantiram o nascimento de uma grande e nova nação. Segundo Laurentino Gomes:

> Nenhum outro período da história brasileira testemunhou mudanças tão profundas, decisivas e aceleradas quanto os treze anos em que a corte portuguesa morou no Rio de Janeiro. Num espaço de apenas uma década e meia, o Brasil deixou de ser uma colônia fechada e atrasada para se tornar um país independente.[6]

---

5 *Design Brasileiro*.
6 *1808*.

Para realizar esta iniciativa e contribuir para um maior conhecimento e uma maior difusão do design no Brasil é primordialmente necessário o acordo e o aporte dos intelectuais: designers, arquitetos, artistas, críticos, historiadores, jornalistas. Apoio que deverá manifestar-se primeiramente assinando este documento e depois colaborando para a realização seu programa. É necessário também o apoio das instituições: universidades, associações, fundações interessadas pelo design e pela cultura material, bem como dos representantes do poder político municipal, estadual e federal. Graças a esse apoio institucional o projeto contido neste documento poderá voar mais alto. Para a realização, enfim, de todas as iniciativas do programa deste documento necessita-se da ajuda financeira das instituições públicas e privadas, sensíveis ao desenvolvimento social, econômico e cultural do país ou, alternativamente, de um único grande patrocinador disposto a cobrir todos os gastos.

Posfácio

Giovanni Cutolo é um personagem excêntrico por vocação e viajante por destino. Comerciante roubado pelo mundo das letras, aproveita sua parte erudita no design, lugar no qual condensa seus interesses multiformes. Bagagem insólita que o leva inevitavelmente a observar os acontecimentos dos projetos e dos produtos, com um olhar diverso das perspectivas mais ou menos canônicas adotadas pela crítica oficial.

A esta anomalia da visão, Cutolo acrescenta o hábito inveterado de deslocar continuamente o interlocutor, escolhendo a cada vez um papel diferente da sua galeria de caracteres. Se fala do mercado, usa o distanciamento do erudito; olha o projeto com a abertura do literato; pensa no produto com o olhar de longo alcance do mercador; considera o design uma atividade humanística por excelência, nutrida com um fundo de técnica e enervada com o sopro da arte.

Confrontar-se com suas ideias requer sempre a disciplina de colocar em jogo as próprias convicções e uma predisposição à viagem, pois suas argumentações tocam terras longínquas e se apoiam em argumentos insólitos. Mas, caso se tenha constância para segui-lo, se perceberá o quão próximo se manteve das questões que lhe são caras, questões que conduz muito bem e às quais dedica um constante pensamento. Quem conhece seus escritos precedentes, e em particular *O Hedonista Virtuoso*, sabe que o centro das reflexões de Cutolo está ocupado pela convicção de que o design não se exaure na ação dupla de designer e produtor, isto é, no duplo momento do projeto e da produção, os dois momentos tópicos da crítica ortodoxa. Não sem razão, ele sustenta que o design vive e só pode ser conhecido no interior de um sistema ampliado de relações, que se estende para o sistema de distribuição e inclui o momento final da aquisição. Isso traz a campo figuras novas – o comerciante e o comprador – cujas lógicas e referências devem ser, de algum modo, tomadas em relação. Daí o sistemático recurso à sociologia, à literatura, ao cinema, à música. Mas também o reservatório do bom senso e da observação miúda dos hábitos cotidianos. Este seu último esforço não foge do manuscrito. Desde o título, está em causa a categoria ético-estética do luxo, frequentada por sociólogos e filósofos, mas destinada, na mitologia clássica do design, ao papel de antagonista moral por excelência.

Na verdade, a provocação é quase exclusivamente verbal, tendo em vista que o menosprezado luxo foi, nos anos passados, objeto de uma releitura benévola, operada por algumas correntes do pensamento moderno e é, além de tudo, o verdadeiro terreno sobre o qual cresceu e se robusteceu a planta do design, em particular o italiano e aquele ligado ao mundo da casa e da decoração. Numa síntese eficaz, a argumentação de Cutolo recupera, especificamente para o design, os resultados de numerosas reflexões em torno da noção de luxo, cujo significado (queria dizer valor, se esse termo não implicasse equívocos fáceis) evoluiu de pressuposições meramente materiais para valências de natureza semântica. Se o luxo é função derivada do pensamento, do signo que a matéria põe em forma, e não simples questão de matéria-prima particularmente apreciada, ou de procedimentos produtivos sapienciais, o design se candidata ao próprio emblema de luxo contemporâneo. Do *hardware* ao *software*, para dizê-lo com Cutolo.

Como, e por que justamente na Itália, o novo luxo, culto, evoluído e inovador, encontrou na moda e no design um destino brilhante é precisamente o pensamento que atravessa todo o desenrolar do livro. Não é minha intenção percorrer de novo, passo a passo, a argumentação de Cutolo, pois não saberia adentrar-me em todos os campos nos quais, com ligeireza, ele faz o seu percurso. Admirado, sigo-o no encalço da ideia de luxo, entre disputas filosóficas e teorias econômicas, entre os séculos XVIII e XIX, reavaliando o papel dos senhores no desenvolvimento do consumo e na transformação das residências burguesas. Assisto às suas lutas com o conceito de belo, categoria que fez vacilar as mentes de Kant e de Hegel, até formular pensamentos, não certamente lisonjeiros, sobre as derivações de muitas artes e de tantos artistas modernos ou contemporâneos. Vejo-o alinhavar um atlas histórico-geográfico dos acontecimentos políticos da velha Europa, do qual emerge um inesperado paralelo entre as vicissitudes da Itália e da Alemanha.

As premissas metodológicas, os temas afrontados e algumas das teses de fundo fazem com que as reflexões de Cutolo pareçam aquele filão crítico que, não sem dificuldade, tenta abrir ao design novos confrontos e contaminações transversais, a fim de emancipá-lo do papel de disciplina hermética, para especialistas, elevando-o a patrimônio acessível e compartilhado. Ao mesmo tempo, porém, não posso deixar de revelar algumas incongruências que, sem invalidar os objetivos ou o conjunto das conclusões, suscitam ao menos algumas perplexidades. Em parte, talvez seja consequência do pensamento torrencial de Cutolo, cuja impetuosidade e criatividade façam extraviar, aqui e ali, o rigor e a solidez dos fundamentos. Em parte, porém, parece ser uma veia passadista, nostálgica, a tingir suas considerações, correndo o risco de tomarmos o livro como o de um moralista.

Por exemplo, sobre o paralelo entre Itália e Alemanha, creio ser necessário avançar ao menos algumas distinções. Não discuto os dados de venda desses países, que os fazem campeões de consumo de objetos de design. Aventuro-me menos em releituras alternativas da história europeia. Mas creio existirem diferenças profundas entre a política lúcida da Alemanha, no campo da produção industrial e dos bens de consumo, desde os primeiros anos de 1900, e os acontecimentos italianos que, substancialmente, viram o nosso país longe de um mercado de produtos de larga difusão até o fim da Segunda Guerra Mundial. É banal recordar, mas não é certamente por acaso que a *Bauhaus* nasça e se estruture na Alemanha, enquanto na Itália, ainda hoje, falte uma instituição oficial que resuma e condense a galáxia do design. Deixo para depois aquelas que me parecem diferenças substanciais entre as culturas alemã e italiana, que determinam no caso alemão uma vocação para o aprofundamento rigoroso, para a pesquisa tecnológica de base, à ordem repetida, enquanto no caso italiano tendem a revelar uma predisposição para o episódio circunstancial, para o deslizamento dos saberes entre campos diversos, para a digressão conceitual e tipológica.

Curiosa também é a desconfiança, em todo o livro, a respeito da arte moderna e contemporânea. Sem entrar no mérito do estatuto artístico, ou valorizar o papel social do artista ou a importância das cotizações que acompanham as diversas correntes artísticas e seus expoentes, limito-me a observar que o próprio envolvimento consciente e deliberado das vanguardas artísticas nos processos de elaboração dos produtos foi um dos componentes distintivos do surgimento daquele design moderno e nobremente ético, que a própria Bauhaus se esforçava por inscrever nas regras de uma teoria orgânica. Arte enquanto pesquisa, elaboração, transgressão, e não só garantia de um gosto codificado, confiável e maneirista. Arte como gráfica, fotografia, cinema e não só como pintura no sentido canônico. Creio que nenhuma esteja hoje ausente deste perímetro pelas pesquisas artísticas, nas quais vídeo e concretismo, instalação e abstração se sobrepõem e se confundem. Se estou convencido de que o gosto deva ser educado e cultivado, não creio porém que o bom gosto seja apenas aquele reconhecido e compreendido por um Galateo* de formas e de conceitos. Ainda, se compartilho as considerações que levam Cutolo a redefinir a própria ideia de luxo, e assim reler os vínculos com o projeto do design, tenho dificuldade em aceitar as reservas com as quais se trata o período pós-moderno ou radical do design italiano. Pode-se discutir sobre estratégias políticas ou sobre os êxitos formais daquele período, mas me parece difícil

---

* Expressão típica que denota algo que se tornou padrão, de bom-tom, conforme à etiqueta, em referência à obra *Galateo overo de' costumi*, de Giovanni della Casa (N. da T.).

não reconhecer em seus protagonistas o mérito de haverem instalado as bases conceituais para que aqueles objetos passassem do papel de mercadorias ao de signos.

A impressão é que Cutolo, de um lado, desmistifica e contesta, mas, por outro, contemporaneamente lamenta a ausência de normas e de valores fortes com os quais se enfrentem o projeto e o produto do design. Se se estimula a disciplina a se abrir e a se confrontar com uma visão do universo comercial e do consumo menos obtusa e previsível, só se pode aprendê-la com interesse e prazer. Porém, quando se compromete com atrevidas construções críticas, parece-me, às vezes, excessivamente emotivo e talvez até mesmo distraído.

Mas isso não diminui o conjunto do pensamento reunido no livro, cuja leitura alimenta a curiosidade e, como por mim entendido, pede o saudável instinto da discussão. Seria antes tentado a considerar a incongruência como motivo próprio e verdadeiro de interesse. Onde não há nada para dissentir, o interesse diminui rapidamente. As provocações, ao contrário, exigem sempre aprofundamento e reflexões posteriores.

Enrico Morteo
Arquiteto, historiador e crítico de design

Bibliografia

ALVI, Geminello. *Le tentazioni economiche di Faust*. Milano: Adelphi, 1989.
_____. *Il secolo americano*. Milano: Adelphi, 1996.
ANDRADE, Oswald de. Manifesto Antropofágico. *Revista de Antropofagia*, n. 1, São Paulo, 1928.
BANCA D'ITALIA, *I bilanci delle famiglie italiane nell'anno 1991*.
BARBAGLIA, Giorgio; TAGLIAFERRI, Aldo. *Uno e due*. Milano: Sipiel, 1998.
BAUDELAIRE, Charles. *Scritti sull'arte*. Torino: Einaudi, 1992.
BAUDRILLARD, Jean. *Illusion, désillusion esthétiques*. Paris: Sens et Tonka, 1997.
BENJAMIN, Walter. *L'opera d'arte nell'epoca della sua riproducibilitá técnica*. Torino: Einaudi, 2000.
_____. *Opere complete*, IX: *I passages di Parigi*. Torino: Einaudi, 2000.
BODEI, Remo. *Le forme del bello*. Bologna: Il Mulino, 2000.
BONOMINI, Enrico. Metafisica della saponetta. *Ottagonon*, Bologna, n. 153, set., 2002.
CALBI, Antonio. *Abitare Quotidiano*, Milano, n. 5, 14 apr. 2002.
CAMPANA, Fernando; CAMPANA, Humberto. Intervista, *Wallpaper*, London, n. 135, jun. 2010.
CAMPBELL, Colin. *L'etica romantica e lo spirito del consumismo moderno*, Roma: Lavoro, 1992.
CAMUS, Albert. *L'uomo in rivolta*. Milano: Bompiani, 1957.
CASCIANI, Stefano e AA.VV. *Il motore della moda*, New York: The Monacelli Press, 1998.
CELASCHI, Flaviano. *Il design della forma merce*, Milano: Il Sole 24 Ore, 2000.
CHABOD, Federico. *L'idea di nazione*. Roma: Laterza, 1998.
CIPOLLA, Carlo Maria. *Storia economica dell'Europa pre-industriale*. Bologna: Il Mulino, 1997.
CUTOLO, Giovanni. *O Hedonista Virtuoso*. São Paulo: Perspectiva, 2012.

D'ANGELO, Paolo. Il gusto in Italia e Spagna dal quattrocento al settecento. In RUSSO, Luigi (a cura di). *Il gusto: storia di um'idea estetica*. Palermo: Aesthetica, 2000.

DE FUSCO, Renato. *Storia del design*. Roma: Laterza, 2002.

DE MASI, Domenico. *L'ozio creative*. Milano: Rizzoli, 2000.

DORFLES, Gillo. *Le oscillazioni del gusto*. Milano: Lerici, 1966.

DUBECH, Lucien; D'ESPEZEL, Pierre. *Histoire de Paris*. Paris, 1926. Citado em Walter Benjamin, *I "passages" di Parigi*. Torino: Einaudi, 2000.

ECO, Umberto. *Obra Aberta*. São Paulo: Perspectiva, 2001.

ENZENSBERGER, Hans Magnus. *Zig zag*. Torino: Einaudi, 1999.

FABRIS, Gian Paolo. *Le otto Italie*. Milano: Mondadori, 1986.

FRANZINI, Elio. La decostruzione del gusto. In: RUSSO, Luigi (a cura di). *Il gusto: storia di um'idea estetica*. Palermo: Aesthetica, 2000.

FRELLO, Paolo; MARCATTI, Roberto (a cura di). *Design: riflessioni, pensieri e opinioni dei protagonisti del progetto*. Milano: Editrice Abitare Segesta, 1994.

GOMES, Laurentino. *1808*. São Paulo: Brasil, 2007.

GRACIÁN Y MORALES, Balthazar. *Agudeza y Arte de Ingenio*. Madrid: Castalia, 2001.

GREGOTTI, Vittorio; BERNI, Lorenzo, FARINA, Paolo, GRIMOLDI, Alberto, RAGGI, Franco. Per una storia del design italiano, 1860-1914: Le industrie e le grandi esposizioni. *Ottagono*, Bologna, n. 33, giu., 1974.

HALE, John R.. *Guerra e società nell'Europa del Rinascimento (1450-1620)*. Roma: Laterza, 1987.

JAUSS, Hans Robert. *Apologia dell'esperienza estetica*. Torino: Einaudi, 1985.

KOHN, George C. *Dizionario delle Guerre*. Milano: Armenia, 1989.

LACAN, Jacques. *O Seminário*, Livro I: Os Escritos Técnicos de Freud. Rio de Janeiro: Jorge Zahar, 1986.

_____. *Gli scritti tecnici di Freud*. Torino: G. Einaudi, 1978.

LEON, Ethel. *Design Brasileiro*. Rio de Janeiro: Senac, 2005.

LÉVI-STRAUSS, Claude. *Il pensiero selvaggio*. Milano: Il Saggiatore, 1964.

LOWEN, Alexander. *Il piacere*. Roma: Astrolabio, 1984.

MANDEVILLE, Bernard. *La favola delle api*. Roma: Laterza, 2000.

MARINETTI, Filippo Tommaso. *Manifesto del futurismo*. Milano: Poligrafia Italiana, 1909.

MCKENDRICK, N.; BREWER, J.; PLUMB, J.H. *The Birth of a Consumer Society: The Commercialization of Eighteenth-Century England*. London: Europa Publications, 1982;

MORTEO, Enrico. Capitani fantasiosi. *Il Sole 24 Ore*, Milano, 6 apr. 2002. Supplememto, Ventiquattro.

PANSERA, Anty. *Storia del disegno industriale italiano*. Roma: Laterza, 1993.

PINE, Joseph B.; GILMORE, James H. *L'economia delle esperienze: oltre il servizio*. Milano: Etas, 2000.

PRÉVERT, Jacques. *Parole*. Milano: Guanda, 1999.

RICHLER, Mordecai. *La versione di Barney*. Milano: Adelphi, 2000.

ROUSSEAU, Jean-Jacques. *Il contratto sociale*. Torino: Einaudi, 1983.

RUSSELL, Bertrand. *La saggezza dell'Occidente*. Milano: TEADUE, 1997.

SOMBART, Werner. *Lusso e capitalismo*. Milano: Unicopli, 1988.

TAGLIAFERRI, Aldo. Una materia controversa, *Il verri*, Milano, n. 22, maio, 2003.

_____. *L'estetica dell'oggettivo*. Milano: Feltrinelli, 1968.

WEBER, Max. *L'etica protestante e lo spirito del capitalismo*. Milano: Rizzoli, 1998.

Índice Onomástico

Agnelli, Gianni 116
Albini, Franco 10
Alchimia 66, 67, 68, 139
Alvi, Geminello 24n., 27n., 37n., 39
Ariosto, Ludovico 99
Aristóteles 98, 112
Arp, Jean 102
Artemide 107
Averulino, Antonio, dIto Il Filarete 99

Balzac, Honoré de 52
Banca d`Italia 76n.
Barblagia, Giorgio 111
Baudelaire, Charles 102, 103
Baudrillard, Jean 101
Bauhaus 9, 54, 59, 61, 62, 84, 130, 162
Bellini, Mario 59, 68, 91, 139
Benjamin, Walter 18, 22n., 52
Berni, Lorenzo 53n.
Bill, Max 102
Bodei, Remo 56
Bonomini, Enrico 69n.
Branzi, Andrea 68
Brueghel, O Velho, Pieter 91
Brewer, John 14n.
Bulthaup 108

Caccia Dominioni, Luigi 10, 139
Calbi, Antonio 91
Calepio, Pietro 99
Campbell, Colin 13, 17, 18n., 24
Camus, Albert 55n.
Caravaggio 34
Carlos Magno 4
Carlos V 143, 146, 148
Casciani, Stefano 88
Cassina, Cesare 9
Castiglioni, Irmãos 9, 129, 139
Celaschi, Flaviano 117
Chabod, Federico 44n.
Chigi, Agostino 23
Cipolla, Carlo Maria 48, 50n.

D`Angelo, Paolo, 98n.
Dario 143
De Fusco, Renato 59, 60, 118, 119n, 120, 122
De Masi, Domenico 31, 32, 34, 45
Dewey, John 34
Domus Academy 68
Dorfles, Gillo 102, 103
Dubech-D`Espezel 18n.

Eco, Umberto 104, 152, 153, 171
Édipo 112, 113, 114, 115
Eliot, Thomas S. XXIII
Enzensberger, Hans Magnus 29, 30, 31, 33

Fabris, Gian Paolo 77n.
Farina, Paolo 53n.
Fausto 27, 68
Ford, Henry 41
Francisco de Assis, São 78
Francesco I 143, 148
Franzini, Elio 101n.
Frello, Paolo 117n.
Freud, Sigmund XXI

Galbraith, John Kenneth 86
Gates, Bill 34, 41, 42
Gavina, Dino 9
General Motors 41
Gracián, Baltasar 99
Gregotti, Vittorio 52, 53n.
Grimoldi, Alberto 53n.
Gropius, Walter 54, 61
Guareschi, Giovanni 1
Guicciardini, Francesco 99

Hale, John R. 142n.
Hegel, Georg Wilhelm Friedrich 113, 161
Heráclito 112, 113
Hochschule für Gestaltung 54, 62, 130
Hume, David 97

IBM 41
Ikea 73
Ingres, Jean-Auguste-Dominique 67

Jaus, Hans Robert 57n.

Kant, Immanuel 161
Kohn, George C. 142n.

Lacan, Jacques XI, 116, 135
Leopardi, Giacomo 33, 98
Lévi-Strauss, Claude 118, 119, 123
Levitt, Theodore 71
Lowen, Alexander XXIII, 110, 111
Luís XIV 2, 20, 149

Magistretti, Vico 10, 68, 139

Malraux, André XIII
Mandeville, Bernard 14, 15
Marcatti, Roberto 117
Marcuse, Herbert 100
Mari, Enzo 10, 139
Marinetti, Filippo Tommaso 54
Marx, Karl 37, 39, 152
McKendrick, Neil 14n.
Mefistófeles 27, 69
Memphis 66, 67, 68, 139
Mendini, Alessandro 68
Mercier, Luis Sébastien 17
Michelangelo 99
Microsoft 41, 42
Morosina, La 23
Morris, William 54, 59, 130
Morteo, Enrico 90
Muther, P. 21

Narciso 112-116
Natuzzi, Grupo 82

Olivetti 5

Paganini, Niccoló 78
Pagano, Mario 97
Pansera, Anty 61n.
Picasso, Pablo 67
Pitágoras 31, 98
Platão 98
Plumb, John Harold 14n.
Politécnico de Milão 171
Ponti, Gio 10
Prévert, Jacques 145

Rafael 34
Raggi, Franco 53n.
Reuleaux, Franz 59, 60
Rousseau, Jean-Jacques 15
Ruskin, John 54, 59, 130
Russel, Bertrand 35
Russo, Luigi 98n.

Salão do Móvel de Colônia 77
Salão do Móvel de Milão 77, 89
Salvarani 5
Sapper, Richard 107, 139
Sarfatti, Gino 9, 139
Scarpa, Carlo 10, 68, 139

Sloan, Alfred 41
Sombart, Werner 13, 15, 16, 17, 18, 19, 20, 22n., 23, 24
Sottsass, Ettore 68, 139, 156
Stendhal 81

Tagliaferri, Aldo XI, 111, 112, 116, 119n., 123, 135
Terragni, Giuseppe 10
Toulet, Paul-Jean 81

Velásquez, Diego 67
Vespa 5

Vico, Giambattista 31, 99
Voltaire 17

Watson, Thomas 41
Weber, Max 19
Werkbund 59

Xerxes 143

Zanuso, Marco 139

GIOVANNI CUTOLO

Nascido em Turim, em 1939, formou-se em Economia e Comércio na Universidade de Nápoles. Começou a atuar na área de design em Milão, em 1971, na Artemide, colaborando, a seguir, com empresas europeias como Luceplan, Bulthaup, Vitra, Voko, La Cornue e outros. Atualmente é presidente da Santa&Cole Italia e vice-presidente em Barcelona do Conselho de Administração da matriz.

De 1996 a 2008, ministrou na Faculdade de Design do Politécnico de Milão sobre "Design e Mercado". Desde 2008 é vice-presidente da ADI-Associazione per il Disegno Industriale e presidente da Fondazione ADI Collezione Compasso d'Oro.

Jornalista, fundou as revistas mensais de design MODO (1976) e *GAPcasa* (1978) colaborando em numerosos periódicos de design e arquitetura.

Viveu muitos anos no Sudeste Asiático e no Brasil, aonde traduziu do italiano a *Obra Aberta*, de Umberto Eco (Perspectiva, São Paulo, 1968) e do português para italiano, *As Memórias Sentimentais de João Miramar*, de Oswald de Andrade (Feltrinelli, Milano, 1970).

Escreveu *L'Edonista virtuoso* (Lybra, 1989; trad. bras.: *O Hedonista Virtuoso*, Perspectiva, 2012), selecionado para o prêmio Compasso d'Oro 1991, *L'altra faccia del design* (Lybra 1999), *Cucina.Come* (Lybra 2001) e *Lusso & design* (Abitare 2003), traduzido em 2007 para o espanhol.

COLEÇÃO ESTUDOS
(últimos lançamentos)

295 *História do Urbanismo Europeu*
Donatella Calabi

296 *Trabalhar com Grotowski Sobre as Ações Físicas*
Thomas Richards

297 *A Fragmentação da Personagem*
Maria Lúcia Levy Candeias

298 *Judeus Heterodoxos: Messianismo, Romantismo, Utopia*
Michael Löwy

299 *Alquimistas do Palco*
Mirella Schino

300 *Palavras Praticadas: O Percurso Artístico de Jerzy Grotowski, 1959-1974*
Tatiana Motta Lima

301 *Persona Performática: Alteridade e Experiência na Obra de Renato Cohen*
Ana Goldenstein Carvalhaes

302 *Qual o Espaço do Lugar: Geografia, Epistemologia, Fenomenologia*
Eduardo Marandola Jr., Werther Holzer, Lívia de Oliveira (orgs.)

303 *Como Parar de Atuar*
Harold Guskin

304 *Metalinguagem e Teatro: A Obra de Jorge Andrade*
Catarina Sant'Anna

305 *Apelos*
Jacques Copeau

306 *Ensaios de um Percurso: Estudos e Pesquisas de Teatro*
    Esther Priszkulnik
307 *Função Estética da Luz*
    Roberto Gill Camargo
308 *Interior da História*
    Marina Waisman
309 *O Cinema Errante*
    Luiz Nazario
310 *A Orquestra do Reich*
    Misha Aster
311 *A Poética de Sem Lugar: Por uma Teatralidade na Dança*
    Gisela Dória
312 *Eros na Grécia Antiga*
    Claude Calame
313 *Estética da Contradição*
    João Ricardo Moderno
314 *Teorias do Espaço Literário*
    Luis Alberto Brandão
315 *Haroldo de Campos: Transcriação*
    Marcelo Tápia e Thelma Médici Nóbrega (orgs.)
316 *Entre o Ator e o Performer*
    Matteo Bonfitto
317 *Holocausto: Vivência e retransmissão*
    Sofia Débora Levy

318. *Missão Italiana: HIstórias de uma Geração de Diretores Italianos no Brasil*
Alessandra Vannucci

320 *Ritmo e Dinâmica no Espetáculo Teatral*
Jacyan Castilho

321 *A Voz Articulada Pelo Coração*
Meran Vargens

322 *Beckett e a implosão da cena: poética teatral e estratégias de encenação*
Luiz Marfuz

323 *Teorias da Recepção*
Claudio Cajaiba

324 *Revolução Holandesa, A Origens e Projeção Oceânica*
Roberto Chacon de Albuquerque

325 *Psicanálise e Teoria Literária: O Tempo Lógico e as Rodas da Escritura e da Leitura*
Philippe Willemart

326 *Os Ensinamentos da Loucura: A Clínica de Dostoiévski – "Memórias do Subsolo", "Crime e Castigo", "O Duplo"*
Heitor O´Dwyer de Macedo

328 *A Pessoa Humana e Singularidade em Edith Stein*
Francesco Allieri

330 *Luxo & Design*
Giovanni Cutolo

Este livro foi impresso em São Paulo,
nas oficinas da Assahi Gráfica e Editora, em julho de 2014,
para a Editora Perspectiva.